みんなにやさしい

インクルーシブ保育

基本と実践を18の事例から考える

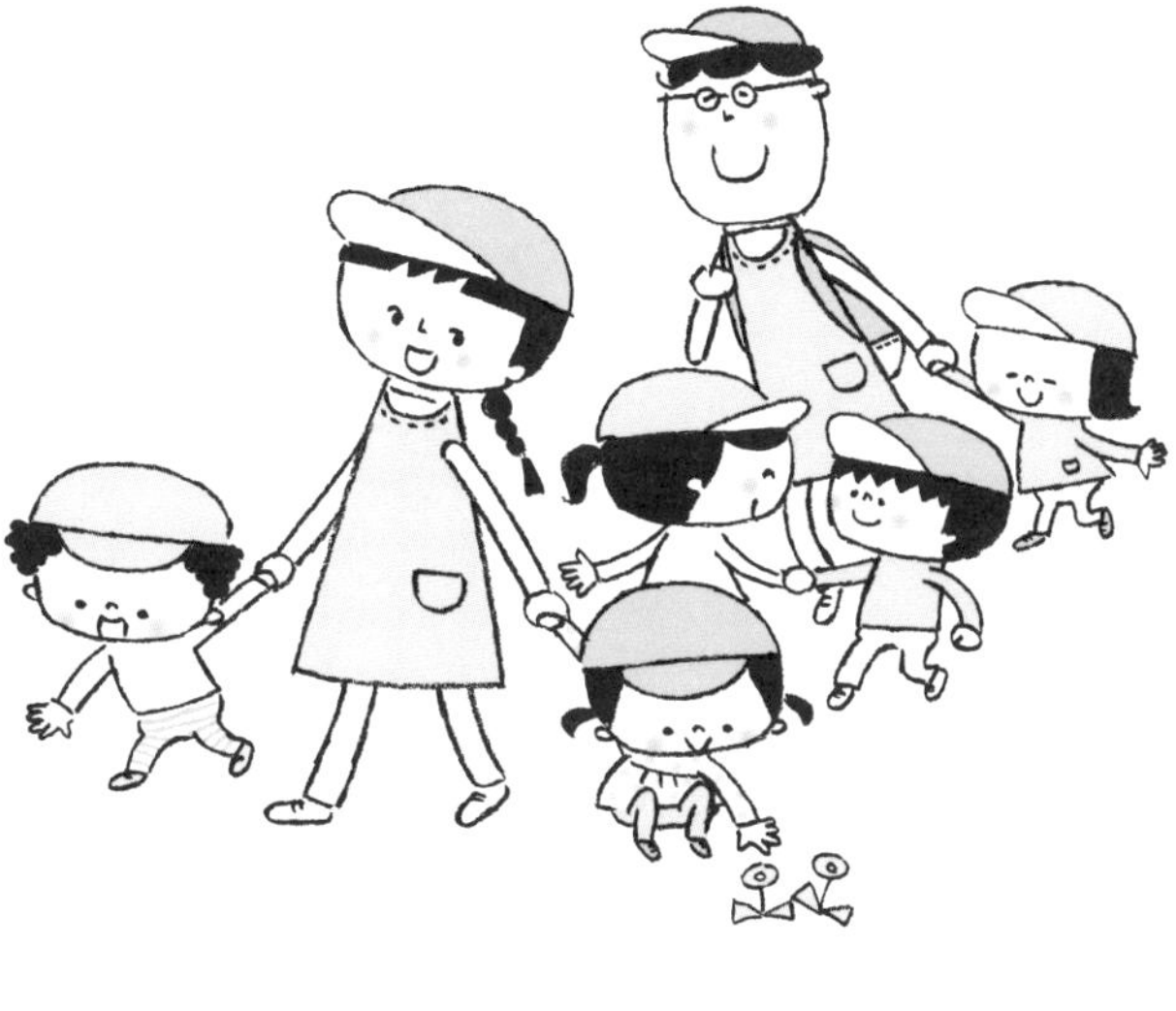

著者　酒井幸子　中野圭子

ナツメ社

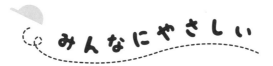

はじめに

ずいぶんと前のことになります。保育者になって間もない頃の私は、ときどき「どうして？」と疑問符がつく、不思議な子どもたちと出会いました。

なぜいつもクルクル回っているの？　こちらの話を聞かずにしゃべり続けるのはどうして？　人や物に突進してぶつかっちゃうのって何か変ね？　誰に聞いても明快な答えはなく、調べようにも適切な資料は見当たらず、疑問符を残したまま、孤軍奮闘する日々が続きました。

あれから時代は変わりました。私自身も学んだり、研究したりしながら、実践を通して疑問符を解消させられるようになっていきました。その最大のターニングポイントは、保育者としての困り感を、子ど

酒井幸子　SAKAI SACHIKO

東京都公立幼稚園長、母子愛育会愛育幼稚園長、武蔵野短期大学教授・同附属幼稚園長、青山学院大学非常勤講師等を経て、現在、武蔵野短期大学客員教授・同附属保育園所長。その間、全国国公立幼稚園長会長、中央教育審議会幼児教育部会・特別支援教育部会委員等歴任。文京区在任時に文部科学省研究開発学校として「多様な個性に対応する教育課程の編成と実施～バリアフリーの心をもった幼児を育てるために～」をテーマに研究を推進。著書は『発達が気になる子の個別の指導計画』(共著／学研)、『保育内容 健康 あなたならどうしますか？』(編著／萌文書林)、『ケース別　発達障害の子どもたちと保護者をサポートする本　幼児編』(共著／ナツメ社)など多数。

も側の困り感として「視点の転換」を図れるようになったことです。

保育は、常に揺れ動き、混沌としたなかでの営みです。障害の有無にかかわらず、一人ひとりの子どもへの理解を図りながら、一方で集団に向き合う専門性と、何より人間力が問われる仕事です。困難や苦労も大きいですが、その分やりがいのある仕事ともいえるでしょう。

本書は、「インクルーシブ保育」とは何かを問いかけながら、一人ひとりの子どもの受容や理解、子ども同士の育ち合い、保護者とのかかわりなどを通して、保育や保育観を真から問うことをねらいとしました。読者の皆さんが、明日の保育につながる何かを感じてくださったら幸いです。

「子どもって、何を思ってあんな表情をしたのかしら、何を考えてあんなことをしたのかしら、ってよく思うの。コンコンって心のドアをノックして、のぞいてみたいくらいよ。そう思わない?」。主任のこの言葉を聞いた瞬間、新卒保育者だった私は、子どもの気持ちを知る長い旅に出発することになりました。

その旅の途中で、「気になる子」と呼ばれる子どもたちと出会い、彼らのユニークさをいとおしく感じるようになりました。そのような折、園ぐるみで楽天的かつ意欲的に特別支援教育の実践的な研究に取り組み、大きな宝物を得ました。退職後、「この宝物を誰かに伝えたい」、と心理の道に進み、特別支援教育の道を歩き続け、今、こうしてインクルー

中野圭子 NAKANO KEIKO

東京学芸大学幼稚園科卒業。東京都公立幼稚園で教諭として29年間勤務する。東京都文京区立柳町幼稚園在任時に、特別支援教育教諭免許・幼稚園専修免許を取得し、現在、臨床発達心理士、公認心理師。特別支援教室巡回相談、各区市の幼稚園、保育園の園内研究講師等を行っている。著書、監修書に『保育内容 人間関係―あなたならどうしますか?』(共著/萌文書林)、『気になる子のために保育者ができる特別支援』(監修/学研)、『ケース別　発達障害の子どもたちと保護者をサポートする本　幼児編』(共著/ナツメ社)などがある。

シブ保育に続く大河にたどり着いたところです。

　本書のタイトルにもある「インクルーシブ保育」が目指しているのは、障害の有無・性別・人種・文化の違いにかかわらず、誰もが尊重され、もっている能力をそれぞれに発揮し合う世の中です。その考え方は、一人ひとりの実態に応じて成長を促す、日本の幼児教育の考え方と重なります。

　保育者であるあなたも、これから保育者になろうとしているあなたも、既にインクルーシブ保育を模索する旅に出発しているのです。本書はその旅のガイドブック。旅につきもののハプニングは笑い飛ばしながら、一緒にインクルーシブ保育の旅に出かけましょう。

はじめに……2

Introduction

インクルーシブ保育の素朴な疑問

1 みんなが一緒にいればインクルーシブ保育なの？……14
2 「全員が同じ経験をすること」をねらいにした保育は子どもに無理をさせていないかな？……16
3 インクルーシブ保育がうまくいかないのは私のせい？……18
4 障害がある子もない子も共に育ち合うってどんな保育？……20
5 子ども一人ひとりに寄り添うにはどうしたらいい？……22
［column］インクルーシブ保育への学びを深めましょう……24

1章

インクルーシブ保育ってなんだろう

特別支援教育の歴史……26
統合保育とインクルーシブ保育の違い……28
障害の捉え方は環境に左右される……30
特別なニーズのある子どもたち……32
ＡＤＨＤ（注意欠如・多動症）のある子ども……34
ＡＳＤ（自閉スペクトラム症）のある子ども……36
ＬＤ（学習障害）／ＳＬＤ（限局性学習症）のある子ども……38
身体障害のある子ども……40
知的障害のある子ども……41
ギフテッドのある子ども……42
ＬＧＢＴＱのある子ども……43

2章

インクルーシブ保育を実践しよう

外国にルーツをもつ子ども……44
不適切な養育環境で育つ子ども……45
教育・保育目標や保育形態とのマッチング……46
アセスメントとは……47
基礎的環境整備と合理的配慮……48
専門機関や専門家の力を借りる……52
現場で悩んだときは基本を思い出して……56
活動への参加が難しいときは……59
他害行動がある子どもの受け止め方……60
「クラスの指導計画」と「個別の指導計画」をつなげる……62
環境づくりを見直してみよう……64

Case Study 1 気に入らないことがあると物を投げたり暴れたりして衝動が抑えられません。対応に苦慮しています。……68

Case Study 2 言葉を使ってのコミュニケーションが苦手です。あるときから泣いている友だちを叩くようになり理由がわからず対応に困っています。……74

Case Study 3 保育室のドアを電車に見立ててくり返し遊んでいます。危ないからと止める保育者との信頼関係が築けず、ほかの子どもたちも落ち着かない様子です。……80

Case Study 4 園でのあそびに興味を示しません。製作のコーナーのところにやってきても、ただイスに座っているだけであそびへの好奇心が感じられません。……86

Case Study 5 運動あそびに興味をもち始め、自分からジャングルジムに登りますが2段目より上には登ろうとしません。怖くて登れないのではなく意欲がないように見えます。……92

Case Study 6 友だちから靴を隠されました。いたずら半分の行動がクラスに広がっていき「いじめ」に発展しないか心配です。……98

Case Study 7 気になることがあるとじっとしていられず、どこへでも走って行ってしまうので常に目が離せません。……104

Case Study 8
給食を拒否して食事ができません。
家でも偏食傾向はあるようですが、おなかが空いていても園ではいっさい食べることができません。……110

Case Study 9
超低出生体重児で生まれ、両足に麻痺があり一生歩けないと診断されていましたが、
園生活のなかでは友だちと同じことをしたい意欲が見られます。……116

Case Study 10
やきいも会での焚き火を怖がりパニック状態になりました。
日常的に楽器の演奏や大きな音を怖がり耳をふさぐこともあります。
そのため行事やその練習ではみんなと一緒に参加できないことがあります。……122

Case Study 11
アメリカ育ちで日本語が話せません。
園の生活に慣れてきたものの言葉での意思疎通が難しく
保護者とのコミュニケーションにも苦労しています。……128

［column］ 子どもと共に保育を楽しみましょう……134

3章

子どもを中心に保護者と良い関係をつくろう

保護者のつらさや不安に寄り添う……136
保護者との信頼関係を築く……137
専門機関との連携にあたって……139
担任が一人で対応するのは難しいケースも……140
面談では「傾聴」を大切に……142
保護者全体の理解を広げる……144
［column］子どもの障害を説明したいと言われたら……145

Case Study 1
言葉の遅れが気がかりです。
父親が単身赴任で、育児負担が大きくなった母親の表情が暗くなりました。
母親の力になるにはどのようなことができるでしょうか。……146

Case Study 2
支援の必要な子どもの保護者が集い定期的に懇談会をしています。
一人の保護者が我が子の障害を説明する手作り絵本を子どもたちに見せたいと提案しました。
しかし、ほかの保護者に反対されてしまいました。……150

Case Study 3
発表会の練習にまじめに参加できません。そのせいで、クラスのまとまりが失われかけています。
保護者も園での友だちとの関係を気にかけています。……154

Case Study 4
発表会の本番で友だちと同じようにできず後ろを向いたままの子どもに落ち込む保護者。
事前の練習で意欲を見せていたことを担任が伝えていたので期待が大きかったようです。……158

Case Study 5
支援が必要だと思われる場合、専門機関に早くつなげたいけれど保護者への伝え方を迷います。
どのようにすればこれまでの信頼関係は壊さず園側の思いが伝わるでしょうか。……162

Case Study 6
ほかの子を叩いたり噛みついたりしてトラブルが絶えません。
保護者も保育者を避けるようになりコミュニケーションがとりにくくなってしまいました。……166

Case Study 7
家庭の問題で生活も心も不安定になり忘れ物が目立つようになりました。
ネグレクト（育児放棄）が疑われます。……170

Introduction

インクルーシブ保育の素朴な疑問

Question

1

みんなが一緒にいれば インクルーシブ保育なの?

インクルーシブ保育とは、障害の有無にかかわらず
さまざまな特性や背景をもつ多様な子どもたちが
共に育ち合う保育のことです。
対象を特別なニーズのある子どもに限定していないのが
大きな特徴です。
また、一緒に過ごしながら特別なニーズのある子どもを
ほかの子どもに近づければ良い
ということでもありません。
インクルーシブ保育とは、
さまざまな特性や背景をもつ子どもたちが、
みんなと一緒の生活で
その子らしく成長することを目指す保育です。

Question

2

が同じ経験をすること」を
ねらいにした保育は
子どもに無理を
させていないかな?

「全員

特別なニーズのある子どもに対して
「ほかの子どもと同じ経験をすること」をねらいにすると、
子どもも保育者もつらくなってしまうことがあります。
特に一斉保育の場合は、
子どもに無理をさせる状況に陥りがちです。
インクルーシブ保育の実現を考えるとき、
保育形態そのものを見直す必要があるかもしれません。
また、クラス運営のための全体的な指導計画だけでなく、
一人ひとりの特性や発達に沿ったねらいを設定した
個別の指導計画の作成と実施が必要になってくるでしょう。
特別なニーズのある子どももそうでない子どもも、
園が安心できる居心地の良い場所だと
感じられることが、いちばん大切です。

Question

3

インクルーシブ保育がうまくいかないのは私のせい？

担当するクラスに特別なニーズのある子どもがいると、
その子との信頼関係がうまくつくれなかったり、
その子一人に手がかかり
クラスの活動がスムーズに進まなかったりして、
それが自分の力不足のためだと感じてしまう
保育者が少なくありません。
インクルーシブ保育を実践するには、
担任が一人で抱え込まず、園の職員全体が
チームでかかわることが求められます。
うまくいかないのは、だれか一人の責任ではないのです。
ただし、チームで取り組んだとしても、
なかなか簡単なことではありません。
専門家の支援を受けたり、
積極的に園と専門機関が連携することが大切です。

すべての子どもが皆同じように
その子らしさを大切にされて
のびのびと過ごせる環境のなかでは、
自分も他者も大切にする心情と関係が生まれます。
もともと子どもは、障害に対して既成概念をもたないものです。
自分と友だちの違いに気が付くことはあっても、
自然に受け止めているのでしょう。
偏見や差別という感覚は、
大人の影響によるものではないでしょうか。
子ども同士が違いを互いに尊重し合い、
認め合い、助け合う関係になることが
インクルーシブ保育の目的であり、
将来のインクルーシブ社会をつくる礎になるのです。

Question

4

障害がある子もない子も共に育ち合うってどんな保育？

寄り添うには

Question

5 子ども一人ひとりに どうしたらいい？

ある専門家の先生がこんな話をされていました。
「人間は球根のようなもの。どの花の球根なのかは、
それぞれが咲いてみないとわからない」。
とてもすてきな言葉です。
特別なニーズのある子どもは、
ともすると集団生活から外れてしまうことがあります。
保育者は集団に馴染ませようとしますが、
それは大人の都合でしかありません。
一人ひとり、自分らしい花を咲かせてほしいものです。
そのためには、子どもの身になって思いを巡らせ、
考えてみることが必要です。
そして、子どもが自ら育つ力を信じて、
その子が生来もっている良さや潜在能力を発揮できるよう
見守ったり手助けしたりしていきましょう。

column

インクルーシブ保育への学びを深めましょう

特別なニーズのある子どもを担任するとき、専門的な知識がないことで自信をもてない方がいるかもしれません。しかし、保育者にとってより大切なのは、子どもが楽しい生活を通して自分のペースで成長し、子ども同士が折り合っていけるように、子ども一人ひとりを理解しようと努力することです。

特別なニーズのある子どもの担任になったら

□ 一人で抱え込まない

保護者や専門機関との連絡調整など、さまざまな業務が発生するため、一人で対応することは困難です。情報を共有し、園全体で取り組むことが必要です。

□ 過去の経験に捉われない

子どもの発達は一人ひとり違います。経験や方法論に捉われすぎず、うまくいかないときは、気持ちを切り替えて、新しい方法を試す柔軟性が求められます。

□ 研修会参加などで学びを深める

園内で話し合う、研修会に参加する、関連書籍で情報を得るなど、学びを深めることで新しい気づきを得ることが大切です。

1章

インクルーシブ保育ってなんだろう

特別支援教育の歴史

日本では、2007年4月にそれまでの特殊教育から特別支援教育へと転換しました。特別支援教育は新しい教育の考え方で、インクルーシブ教育はさらにその先の考え方ともいえます。ここで、特別支援教育へと転換した歴史を見てみましょう。

1994年に「特別なニーズ教育に関する世界会議」が開かれ、国連が掲げる「万人のための教育目標実現」に向けて話し合いました。ここで採択された宣言を、**サラマンカ宣言**と呼びます。**この宣言に「インクルーシブ教育」という新しい理念が登場**し、学校が特別な教育ニーズのある子どもたちへの対応を推進することが提唱されました。

さらに、2006年に国連で採択された**障害者権利条約で「インクルーシブ教育システム」という言葉が明記され**、障害を理由とするあらゆる差別の禁止や合理的配慮の提供などが求められました。日本が国内の法律を整備してこの条約を締結したのは、諸外国に遅れて2014年です。特別支援教育は始まったものの、この先の道のりはまだ遠いといえるでしょう。

特殊教育から特別支援教育への歩み ～国際社会の動きと共に～

世界的に「障害のある人の人権を尊重する」「多様性を尊重する」という考えが広がる傾向

2016年 障害者差別解消法の施行

2014年 日本が「障害者権利条約」を締結

2012年 「共生社会の形成に向けたインクルーシブ教育システム構築のための特別支援教育の推進（報告）」
- 障害のある子どもと障害のない子どもが、できるだけ同じ場で共に学ぶことを目指す
- 就学相談・就学先決定のあり方、合理的配慮、多様な学びの場の整備、教職員の専門性向上など

2007年 学校教育法の改正で「特殊教育」から「特別支援教育」に転換

2006年 通級による指導対象として情緒障害、自閉症、学習障害、注意欠陥多動性障害を明記

2001年 中央教育審議会「21世紀の特殊教育の在り方について」最終報告
- 乳幼児期から切れ目のない支援、実現するための体制の整備など5つの基本方針

1994年 サラマンカ宣言「特別なニーズ教育に関する行動のための枠組み」（障害者権利条約の基本的概念）

1947年 学校教育法の公布
- 小中学校、幼稚園等を学校として位置付ける
- 養護学校の法制化（盲、ろう、肢体不自由、知的障害、病弱・虚弱の子どもを対象とする）

児童福祉法の公布
- 保育所を社会福祉施設として位置付ける

統合保育とインクルーシブ保育の違い

当初、インクルーシブ教育が「統合教育」と翻訳されたことからか、**包摂（インクルージョン）と統合（インテグレーション）の区別が、正確に理解されていないことが現在でもあるようです。** ですから、ここで改めて確認しておきましょう。教育の形態を「排除」「分離」「統合」「包摂」という4つの言葉と図で説明したのが29ページです。

「インクルーシブ保育をしている」という園のなかには、実際は「統合保育」である場合も少なくありません。「統合保育」では、特別なニーズのある子どもが大勢の子どもに合わせて活動することになり、子どもにも保育者にも無理を強いることになりがちです。**「インクルーシブ保育」は、一人ひとりの子どもに合わせて保育そのものを変えていこうという考え方です。** 環境を整備したり一人ひとりに配慮して、**どの子どもも自分は同じように大切にされている、と感じ取りながら参加できる保育**を目指します。この違いを、しっかり理解しておきましょう。

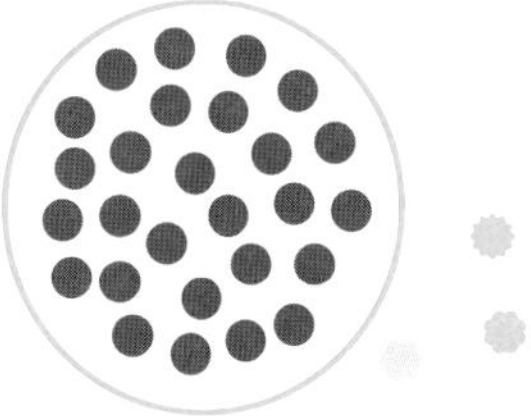

排除（エクスクルージョン）

教育のあらゆる場面で、障害のある子どもが参加することを妨げ、集団に入れない状態。

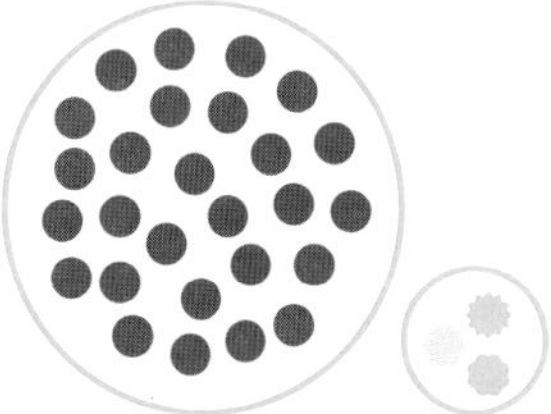

分離（セグレゲーション）

障害のある子どもを、ほかの子どもたちとは隔離した環境に移して、個別の保育を行っている状態。

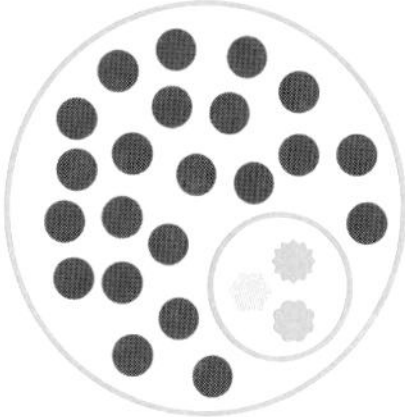

統合（インテグレーション）

子どもが保育に適応できるときは一緒に保育するが、適応できない場合は、その活動から排除している状態。

※カリキュラム、指導方法や手立て、人材配置などの改善を行わずに、障害のある子どもを通常のクラスに配置することは、包摂とは異なります。

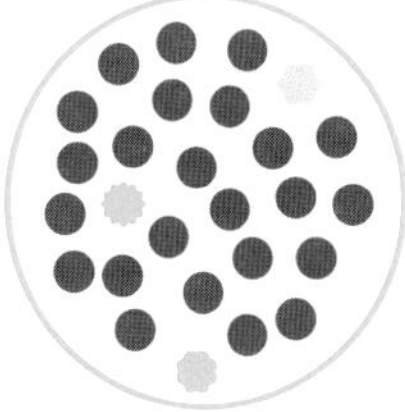

包摂（インクルージョン）

だれもが常に保育に参加できるように、必要に応じて内容や方法、環境を見直している状態。

※「インクルージョン」は、包摂のほか包容・包含とも訳されます。

参考文献／国際連合 障害者権利委員会の資料
（United Nations Committee on the Rights of Persons with Disabilities General Comment No. 4）

障害の捉え方は環境に左右される

通常、メガネをかけている人を「障害がある人」とは認識しません。また、車イスが必要な人が、自由に移動したり行動したりできる環境が整っていて、周囲の人々も車イスの使用を受け入れる社会だったら、この人を「障害のある人」というのでしょうか。このように、**障害の捉え方は、その人の住む環境・文化に大きく左右されるのです。**この考え方の元になったのは、２００１年にＷＨＯ（世界保健機関）によって採択された**ＩＣＦ（国際生活機能分類）**における障害の捉え方の転換です。食事や運動といった日常の動きだけでなく、社会参加することや人間関係なども含んだ場面で、**本人が望む参加が制限されている状況を「障害」としています。**

「包摂（インクルージョン）」という言葉の意味を、「平等」と「公平」を表すイラストで考えてみます。野球場の場外で背丈の違う３人が野球を観戦しています。３人の前には、場内と場外を隔てるフェンスがあり、板が取り付けられています。

❶ 

同じ高さの台をそれぞれに与え、左と中央の2人は野球を見られるようになりましたが、右の人物(子ども)は高さが足りず見られません。全員が同じ支援を受ける「平等」な状態です。

❷ 

左の人物が台を右の人物（子ども）に譲ったので、全員が野球を見られるようになりました。平等な対応ではありませんが、必要な支援を受けている「公平」な状態です。

❸ 

フェンスの板が外されて、全員に、❶❷よりも臨場感が伝わる状態になりました。障壁（バリア）をなくそうとする寛容さがあります。

「平等」と「公平」について

「平等」には、すべての人に等しく接するという意味があります。一方「公平」は、それぞれの状況や適正に応じて調整し、偏りやハンディをなくすようにする、という意味をもっています。インクルーシブ保育は、特別なニーズのある子どもに応える保育なので、「公平」を目指して配慮することが求められます。

特別なニーズのある子どもたち

インクルーシブ保育では特別なニーズの有無にかかわらず、すべての子どもを対象としています。障害のある子どもをはじめ、不安感をもっている子ども、園に馴染めない子ども、外国にルーツのある子ども、不適切な養育環境で育つ子どもなどさまざまです。まず、発達障害が話題になることが多いので、そこから説明していきます。

「発達障害」の名称や定義は、法律、省庁、分野によって微妙に異なっているのが現状です。しかし、内容に大きな違いはないと思って間違いはありません。本書でも特に統一していません。発達障害者支援法では、「自閉症、アスペルガー症候群その他の広範性発達障害、学習障害、注意欠陥多動性障害その他これに類する脳機能の障害であってその症状が通常低年齢において発現するものとして政令で定めるもの」と定義しています。脳機能の障害というのは、生来脳の働き方がユニークであるということで、明確な原因は確定されていません。

発達障害に関しては、主に見られる特徴的な行動特性を理解しておくと、子どもの困り感を理解しやすくなります。とはいっても、ヒトの脳は高度に複雑に発達した一筋縄ではいかないすばらしい臓器です。ですから、同じ診断名でも現れる状態は一人ひとり、また年齢や環境によって実にさまざまです。このことを肝に銘じて、34ページからの障害別の説明をお読みください。そして、**診断名などに惑わされることなく、今、目の前にいる子どもの困っていることと、その背景や原因を理解しましょう。そして、子どもが必要としている教育ニーズに応じる教育・保育を環境も含めて調整したいものです。**その際、心理等の専門家などは、保育者の強い味方となるでしょう。

ＡＤＨＤ（注意欠如・多動症）のある子ども

ＡＤＨＤ（注意欠如・多動症）の特徴は、不注意・多動性・衝動性の３つです。注意力のなさが強く現れる「不注意優位型」、多動や衝動性が目立つ「多動性・衝動性優位型」、両方の特性をもつ「混合型」の３タイプに分類されます。

「不注意優位型」では、例えば一つのあそびを続けることができずに、**すぐに飽きてしまったり、注意力が散漫でボーッとしやすいのが特徴**です。忘れ物が多かったり、心ここにあらずで、周りの人の話を静かに聞いているようでも理解や記憶をしていないこともあります。おとなしく目立たない子どもが多く、気付かれにくい傾向もあります。

「多動性・衝動性優位型」は落ち着きがなく、じっとしていなければいけない場面で立ち歩いたり、おしゃべりが止まらなかったりします。**衝動の抑制が効かない**ために、いきなり危険なことをしてしまったり、友だちに手を出してしまったりすることもあります。

「混合型」は、不注意、多動性、衝動性のすべての特性が現れるタイプで、ＡＤＨＤの大部分が混合型であるといわれています。

ADHDの行動特性

- ソワソワと身体を動かすなど落ち着きがない、集中力が続かない、待つことが苦手。
- 感情のブレーキが効かない、かんしゃくを起こしやすい、衝動的に行動する傾向がある。
- 聞いたことを忘れやすい。

ADHDのある子どもが困っていること

- 生活習慣が身に付きにくい。忘れ物が多く、整理整頓が苦手な子どもがいる。
- すぐに手が出たり、カッとなって強い言葉を使ったりすることがある。友だちとトラブルになりがち。
- 注意されたり、叱られたりする経験が多くなって、自尊感情をもちにくい。自分はダメだという感情が生じて、乱暴などがエスカレートすることもある。

ＡＳＤ（自閉スペクトラム症）のある子ども

言葉の遅れを伴い知的障害のあるタイプから、言葉や知能の遅れのないタイプまでを含んでいます。ＡＳＤの特徴である、**相手の表情や態度から感情を読み取りにくい、他人の気持ちに共感することが苦手なことから、言葉でのコミュニケーションに困難があります。**音や匂いなどの感覚が極端に鋭い、あるいは鈍いなどの「感覚過敏・感覚鈍麻」がある場合もあります。そのほか、手をヒラヒラさせる、飛び跳ねるなどの動きをくり返す「常同行動」、興味・関心が狭い、気に入ったモノにこだわるといった行動もあります。このような背景のために、集団生活に適応しにくかったり、友だちが欲しくても孤立しやすかったりする傾向があります。

ASDの行動特性

■ 社会的コミュニケーションが苦手で、人の表情や気持ちがわからなかったり、例え話がわからなかったりする。

■ 興味・関心の幅が極端に狭く、パターン化された活動やルーティン化した行動が見られる。

■ 聴覚や嗅覚、味覚、触覚、痛覚などの刺激に対する感覚過敏がある一方、感じにくい感覚鈍麻の場合もある。

ASDのある子どもが困っていること

■ 新しい環境や活動に対して不安感をもつことがあり、先の見通しがもてないと不安になる。

■ 友だちや保育者を理解することに困っていたり、ルールがわかりにくかったり、大勢いると不安感をもったりして、友だちとのあそびに入れず困る。

■ 相手の気持ちを想像することが苦手で、悪気なく傷付く言葉を使ってしまうことがある。

■ 感触や音に敏感なため、決まったものしか身に付けられない、園のトイレで排泄ができないなどがある。このつらさをわかってもらえないまま行動を強要されて、信頼感が育ちにくかったり、自分への自信（自尊感情・自己肯定感）をもちにくかったりする。

■ 過去に体験したことを写真のように思い出すこと（フラッシュバック）があり、突然パニックになることもある。

LD（学習障害）／SLD（限局性学習症）のある子ども

LDは文部科学省の用語、SLDは厚生労働省の用語で、ほぼ同じ状態を指しています（以降、LDと表記）。LDとは、**「聞く」「話す」「読む」「書く」「計算する」「推論する」などのうち、ある分野だけがほかの分野に比べて身に付けたり使ったりすることに困難がある状態**です。小学校入学後に目に付くことが大半ですが、幼児期でもその片鱗が見られるケースもあります。例えば、年長児でも一対一対応や順番がわからない、就学直前になっても文字に対して興味がない、極端に図形模写ができないなどです。

以前はLDをLearning Disability（学習ができない）と解釈していましたが、近年は、「Learning Differences（学び方の違い）」や「Learning Diversity（学び方の多様性）」、と解釈が変わる方向に進んでいます。対象の子どもにわかりやすい学習方法を発見して提供するという捉え方です。実践的研究が進められて成果を上げ、学校など現場での実践が進みつつあります。また学び方の違いのある子どもに対して、文字を見やすくするための特別なメガネなどの便利グッズや教科書の自動読み上げソフトなどが開発されています。各教育委員会に申請すると、それらを使えるようになっています。

LDの行動特性

■「読む」の困難には「形の似た字を間違える」「どこで区切って読めば良いかわからない」などがある。

■「書く」の困難には「文字を左右逆さに書いてしまう」「漢字を部分的に間違う」などがある。

■「計算」の困難には「数字の概念が理解できない」「簡単な計算ができない」「3番目と3つの違いが理解できない」などがある。

LDのある子どもが困っていること

■ 幼少期は特に困らなくても、年長くらいになると数を数えたり、なぞなぞやしりとりの言葉あそびの場面や文字を読んだりする場面で戸惑うことが出てくる。

■「話す」「聞く」能力が弱いと、コミュニケーションで問題が生じやすくなる。

■ 勉強がスムーズにできず、周りから「勉強する気がない」「努力していない」「怠けている」などと誤解されがちになる。一生懸命やっても結果が出ず、「自分はダメなんだ」と自己否定感やストレスを抱える。

身体障害のある子ども

先天的・後天的な原因で身体の機能の一部に不自由があり、日常生活などに参加することが妨げられている状態を「身体障害」といいます。園に在籍する身体障害のある子どもが、可能な限りほかの子どもと同じように園生活を楽しみながら成長できるよう、車イス、その子に合う機能別のメガネ、人工内耳、ヘッドホンなど、必要でかつ生活しやすくなる便利なグッズを園でも使えるよう、保護者・主治医の話を参考にして、環境を整えることが必要です。

身体障害のある子どもが困っていること

- 肢体不自由がある子どもは動きにくさのために、もどかしさを感じて、主体的に遊ぼうとする意欲や積極性、自信が育ちにくい。
- 視覚障害がある子どもは物事への興味・関心が育ちにくく、あそびへの意欲をもちにくい。また、園の中の様子がわからないため、不安感をもつ。
- 聴覚障害がある子どもは周囲が賑やかすぎて友だちや保育者の声が聞き取れず、会話が早すぎてついていけない。また、周囲の大人が意識して、言葉への興味・関心を引き出していく必要がある。

知的障害のある子ども

知的障害のある子どもには、**同じ年齢の子どもと比較して、知的機能と行動の発達に遅れが見られます。**全体的に発達がゆるやかで、聞いた内容や友だちの言葉を年齢相応に理解できず、何をすればよいのかわからない、生活の仕方をなかなか覚えられないなど、日常生活でさまざまな困難を抱えています。保育者は、子どもの言葉にならない気持ちを理解しようと努力し、絵を併用したり、わかりやすい言葉で指示を伝えたり、友だちとのかかわりを仲介したりするなど、きめ細かな工夫をして、子どもが安心して生活できるようにします。

知的障害のある子どもが困っていること

- 障害の程度によってもさまざまで、言葉の理解が難しい場合は言葉を補って説明することが必要となる。
- 遊び方がわからなかったり、あそびを広げるアイデアがなかったりする場合は、保育者が一緒にあそびを見つける。また、友だちの様子を一緒に見ながら、その子どもがわかる言葉で説明する。
- 軽度な知的障害の場合、障害そのものが見逃されがちなので、生活するうえで不都合を感じて困ることがある。

ギフテッドのある子ども

生まれつき**同年齢の子どもより飛び抜けて知的能力が高く、知能指数（IQ）がおおよそ126〜130以上が目安**とされています。全般的に高い能力をもつ子どもは、友だちと自分との違いに早くから気付く場合があります。その場合、みんなに合わせようとして疲れたり自分のありのままを出せない苦しさを感じたり、意欲的に取り組もうとしなくなったりすることがあります。一方、普通の能力の部分ももつ子どもの場合は、発達に凹凸があることになり、誤った診断を受けている場合があります。

ギフテッドのある子どもが困っていること

- 自分の好奇心や興味を追究したり、マイルールを決めて遊んだりと、一人で集中する傾向があり、同年代の子どもたちと興味・関心が異なるために、仲間関係を築きにくい。気持ちを理解されないために、周囲から孤立することもある。
- 周囲の子どもや大人と良い関係でいたいという気持ちから、自分の能力を出さず、低く見えるようにして、自分に自信をもちにくかったり不安感が強まったりすることがある。

LGBTQのある子ども

LGBTQとは、レズビアン（女性同性愛者）、ゲイ（男性同性愛者）、バイセクシュアル（両性愛者）、トランスジェンダー（体の性と心の性が異なる者）、クイアまたはクエスチョニング（性的指向や性自認が定まっていない）の頭文字をとった言葉です。**性的指向や性自認の問題**は大人に限ったことではありません。大人の当事者に行ったアンケートによると、小学校入学前に自分の性的指向や性自認を意識したという人もいますが、男女別のグルーピングや色分けが日常的に行われる実態も多く、ジェンダーを意識した保育はまだまだ少ないのが現状です。保育者が知識を深め、意識して保育することが課題として挙げられます。

LGBTQのある子どもが**困っていること**

- ごっこあそびや劇あそびなどで、友だちとの違いや違和感を覚えたり、不安に思ったり、からかいの対象になったりして傷付く。男女別の行動を指示されて、自分の行動に迷うことがある。
- 保護者や大人の知識不足、先入観によって、着たい服を否定されたり行動を規定されたりして疎外感や自己否定感をもちやすくなる。

外国にルーツをもつ子ども

グローバル社会となった今、**外国にルーツをもつ子どもや帰国子女**が増えています。保護者の仕事の都合などで一時的に日本で暮らしている子どものほかにも、世界各地から移り住んできた家庭もあります。子どもの場合、園の生活や日本社会の習慣にも比較的早く馴染み、日本語の習得も問題なく進むケースがほとんどです。一方で、保護者がまったく日本語がしゃべれなかったり、文化的な背景から、行き違いが生じたりすることもあります。

外国にルーツをもつ子どもが困っていること

- ほとんどの子どもは、入園してしばらく経つと日常生活に困らないくらい日本語での会話は上達するが、なかには、コミュニケーションが取りづらい子どももいる。言葉の習熟の問題なのか、発達の問題なのかを判断できず、適切な支援が遅れるケースもある。
- 保護者が日本語を話せないと、保育者とのコミュニケーションが十分に取れない場合がある。イラストや写真などの視覚的なツールを使うことも可能だが、園での子どもの様子や、友だちとのかかわりを伝えたいときなど、情報共有しにくいといった課題がある。行政やＮＰＯ法人などのサービスも積極的に利用して、相互理解することが望ましい。

不適切な養育環境で育つ子ども

体にあざや傷があったり、服装の汚れが目立ったり、過度に落ち着きがなかったり、大人の目を意識しすぎたり、極端に攻撃的だったりする子どもは、**家庭での養育の問題が背後に隠れている場合**があります。

不適切な養育の典型的な例としては、保護者による子どもへの身体的・精神的・性的虐待、ネグレクト（育児放棄）などがあります。また、保護者自身にうつ病や統合失調症などの精神疾患があったり、経済的な問題や家族の病気・入院などを抱えたりしていて、それが子どもの成長に影響することもあります。

不適切な養育環境で育つ子どもが困っていること

■ 保護者との愛着関係を構築できないことで、自分に自信がなく、情緒が不安定になりがち。そのため、周囲の人と信頼関係が築けず、試し行動をしたり反抗的になったり、注目を浴びようとして問題行動をくり返すことがある。

■ 日常的な生活経験が乏しくなるため、生活の自立が遅れたり、興味・関心の幅が狭くなったりする。あそびの幅の狭さ、運動体験の乏しさが、発達に影響を及ぼすこともある。

教育・保育目標や保育形態とのマッチング

特別なニーズのある子どもが、ほかの子どもたちと同じ場所にいるだけでは、保育に参加していると捉えることはできません。インクルーシブ保育を実践するには、**誰もが成長に必要なさまざまな経験をできるように保育を改善する必要があります。**

子どもたちが一斉に行う活動が多い園では、特別なニーズのある子どもが活動に参加するのは難しい場合があります。例えば、集中力が続かなかったり、周囲のものに気を取られたりする傾向のある子どもは、集団の動きについていかれず結果的に保育者が望まない行動をしてしまうことがあるでしょう。視力や聴力に弱さがある子どもは、全体の動きから情報を得ることや、保育者の指示を聞き取ることが難しいために、ほかの子どもたちのペースについていくことに無理をしているかもしれません。

子どもの困っていることを十分に理解せず、配慮をしないで一緒に行動させるのは、避けなければなりません。インクルーシブ保育の視点で考えると、**園の教育・保育目標や保**

育の形態を見直す必要があるかもしれません。

アセスメントとは

アセスメントの目的は、その子どもが園生活に意欲的に参加するなかで、幼児期にふさわしい学びを獲得できるように、環境や指導法などを明らかにすることです。

保育での**アセスメントとは、子どもの状況を測定・評価しながら得られた情報を総合的に解釈し、保育を行ううえで有効な方策を立てて指導に活かし、この循環をくり返し、子どもの教育ニーズに合った保育を目指す過程そのもの**を指します。アセスメントには、子どもの状態を把握するだけではなく、その子どもがより良く成長していけるように、保育の質の向上を目指すという目的と役割があるのです。このことをしっかり理解しておきましょう。

アセスメントには大きく分けて、**子どもに行う検査や保護者・保育に直接あたっている保育者が答えるフォーマルアセスメントと、保育者の日々の観察記録や心理等の専門家の**

観察の情報をもとに行うインフォーマルアセスメントがあります。どちらも検査の結果だけでなく、検査を受けさせようと思った保護者の動機や家庭での子どもの様子、検査・観察中の子どもの様子も判断材料になります。一般的にフォーマルアセスメントは児童発達支援センターや医療機関に子どもが出向いて行いますが、インフォーマルアセスメントは園で行うので、子どもにとって負担感がありません。

アセスメントの結果を踏まえて、保育の指導・援助の方針を立てますが、子ども本人の希望や保護者の願いは大切な情報として尊重します。

基礎的環境整備と合理的配慮

インクルーシブ保育では、特別なニーズのある子どもとそのほかの子どもが、生活やあそびを共にするために、保育の場を整備することが求められます。例えば、車イスを使う子どもがいたとします。車イスが通れるよう、園舎にスロープやエレベーターを設置したり、車イスが通れる空間を確保したりすることが**基礎的環境整備**です。これに対して、移動時間を配慮して早めに行くよう声をかけたり、付き添ったり、到着を待ったりするのが**合理的配慮**といえるでしょう。

このように**インクルーシブ保育で大切なことは、特別なニーズのある子どもが、特性に応じて十分に活動がしやすいようにすること**です。そのためには、活動内容や支援内容、支援方法などについて検討し、保育の場の整備や支援内容を個々の子どもの実態に応じて工夫することが必要です。

基礎的環境整備とは、合理的配慮を行ううえでの土台となるものです。法令に基づいて、または財政措置等によって、**国は全国規模で、都道府県は各都道府県内で、市町村は各市町村内で、それぞれ行う保育環境の整備**のことをいいます。

合理的配慮は、基礎的環境整備をもとに、子ども

一人ひとりに対して個別に決定されるものです。それぞれの園で、基礎的環境整備の状況によって提供される合理的配慮は異なります。

幼児教育の基本的な考え方は、一人ひとりの幼児の姿の丁寧な見取りから実態を把握し、発達に必要でかつ幼児にふさわしい適切な環境を整え、あそびを通して教育することです。「一人ひとりの特性を把握し、教育的ニーズに応じた支援を行う」特別支援教育の考えそのものといっても過言ではありません。

51ページの図は、国立特別支援教育総合研究所の「新しい時代の特別支援教育の在り方に関する有識者会議」第7回で久保山茂樹氏が発表したスライドから抜粋しました。インクルーシブ保育は、決して③・④だけできれば良いわけではありません。**①・②でクラスの実態に応じて柔軟にカリキュラムを調整して日常保育の質を高めてこそ、③・④が活きるのです。**インクルーシブ保育では、特別なニーズのある対象児が、友だちのあそびを見て参加意欲をもてるようになります。対象児の伸びる姿や良さにふれたり感じたりすることで、ほかの子どもたちの関心も高まり、望ましい人間関係や育ち合いが生まれることが期待されます。

❹

個に応じた支援

❶・❷を充実させ、子どもにふさわしい生活を展開してこそ、❸・❹が活きる

❸

生活のなかに埋め込まれた学び

❷

クラスの実態によるカリキュラムの調整

❶

日常保育における質の高い保育プログラム

幼児教育段階の特別支援教育に関する学びの場の現状と課題（新しい時代の特別支援教育の在り方に関する有識者会議［第７回］久保山茂樹上席総括研究員発表資料 国立特別支援教育総合研究所）より抜粋し、一部を改変して作成

専門機関や専門家の力を借りる

保育所保育指針、幼稚園教育要領、幼保連携型認定こども園教育・保育要領では、特別なニーズのある子どもの保育にあたっては、**専門機関と連携する**ことが示されています。また、保護者支援の視点からも、**地域の専門機関との連携が重視されています。地域の専門機関の機能や業務内容をあらかじめ確認しておくと、いざというときに役立ちます。**

最近は、巡回相談（相談にのってほしい対象児がいる園を心理士［師］や大学教員・教育関係者・特別支援学校職員が訪問して観察と専門的な視点からの提案や助言を行うこと）や、特別支援教育の研修会なども増えています。**日頃から意識して情報を収集し、積極的に参加すると良いでしょう。**つながりを紡いで、連携を深めていくと安心です。何よりも適切なアセスメントを行い、指導の目標や手立て等の計画を立て、保育の充実を図るために、専門機関や専門家の力を借りることが必要です。

知っておきたい専門機関

□ 保健所・保健センター

保健師による家庭訪問、乳幼児健康診査などを行っています。母親の産後うつの予防や乳幼児健康診査による障害の早期発見の役割を担っています。

発達支援が必要な子どもの保護者に対しては、保健師が支援に向けた働きかけをします。例えば、障害の可能性がある場合には専門機関を紹介し、早期支援につなげます。また、経過観察の場合には、親子発達教室などの健診事後教室を紹介し、集団のあそびを通した発達支援と療育専門職による相談・支援を行います。ここは、保護者同士の交流の場にもなっています。

スタッフには、保健師をはじめ、管理栄養士、歯科衛生士、理学療法士、看護師がいます。助産師、医師、心理士を置く所もあります。

□ 子ども（児童）家庭支援センター

子どもと家庭に関する総合相談窓口です。子育てのワンストップ拠点として、虐待の事実確認や児童相談所への連絡、相談支援、ショートステイなどの提供を行います。子育てサークルや地域ボランティアの育成なども行っています。

スタッフには、保育士、保健師、心理士、社会福祉士、精神保健福祉士などがいます。

□ 児童発達支援センター・医療型児童発達支援センター

特別なニーズのある未就学児を対象に、通所による療育・外来療育・相談支援を行っています。ここでは、日常生活に必要な基本的動作を指導し、知識技能を与え、集団生活への適応訓練などを行います。医療的ケアが必要な子どもの治療を含む療育は、医療型児童発達支援センターで行います。また、幼稚園、保育所、認定こども園へ発達や療育の専門家が訪問する巡回相談支援や保育所等訪問支援も行われています。スタッフには、保育士、心理士、理学療法士、作業療法士、言語聴覚士などがいます。

□ 児童相談所

児童福祉法に基づいて設置される行政機関です。18歳未満の子どものあらゆる問題について相談に応じ、援助や指導を行います。

スタッフには、保育士、児童福祉司、心理士、医師などがいます。

□ 特別支援学校

特別支援教育に関する相談センターとして、専門性を活かし、教師・保育者・保護者に対して教育相談の取り組みを進めています。地域の小・中学校等に在籍する幼児児童生徒や保護者への相談・情報提供のほか、福祉・医療などの専門機関等との連絡調整も行います。

スタッフには、特別支援学校の教員がいます。

□ その他（子育て支援の場）

地域の児童館・子育てひろばなど親子が集う場で、身近な相談窓口の役割を担っています。多くの職員が、子どもの発達・心理、保育・教育に関する知識や経験をもっています。そのため、保護者は、障害の有無にかかわらず、日々の育児のなかで気になること、発達のこと、子育ての悩みなどを指導員に相談し、話したことでいきいきとした気持ちで子育てに取り組めるようになったり、専門機関への相談につながったりする例が見られます。

スタッフには、保育士、元教師（幼稚園・小学校等）などがいます。

＊自治体や地域によって名称や役割などに多少の違いがあります。

参考文献

「障害児保育ーインクルーシブな保育に向けてー」（太田俊己　青鞜社）

「令和3年度 幼児教育の教育課題に対応した指導方法等充実調査研究」園内研修資料演習試案Ｅ　教材開発［家族支援］（文部科学省委託研究　一般社団法人保育教諭養成課程研究会）

2章

インクルーシブ保育を実践しよう

現場で悩んだときは基本を思い出して

子どもの「個」の育ちを大事にしようとするとクラス全体がまとまらない、全員に同じことをさせようとするとうまくいかない子どもがいる。このように、クラス運営に思い悩む保育者は少なくありません。

そのようなときは、まずインクルーシブ保育の基本的な考え方を思い出してください。**障害の有無にかかわらず「一人ひとりの育ちを支援すること」や「子ども同士が育ち合う保育の実践」**などです。さらに、子どもは皆、得意・不得意があり、成長のスピードは個々に異なります。「今」の状態だけを見るのでなく、「子どもの将来」を見通すことが大切です。

また、「個」と「集団」は、対立するものではありません。個々の成長は集団の成長を促し、その逆もあります。**子ども同士が互いに相手のことを受け入れながら生活する気持ちをもてるよう保育を改善していく過程そのもの**が、インクルーシブ保育です。子どもや保護者の実態、園の環境等に応じて、独自に模索してつくる保育だといえます。

「個」と「集団」が育つ保育環境とは

子どもたちのよりよい育ちのために、保育環境はとても大切です。環境には、「保育者や子どもなどの人的環境（ヒト）」「施設や遊具・教材などの物的環境（モノ）」「自然や社会の事象（コト）」があります。ヒト・モノ・コトのなかで、とりわけ保育者や周りの子どもなど、人的環境は「個」と「集団」が育つためにも大切です。

□ 保育者の言動は子どものお手本になる

子どもたちは、保育者のことをよく見ています。特定の子どもに叱責や禁止の言葉かけばかりしていると、「あの子は叱られてばかりいるダメな子だ」「先生に叱られないようにしよう」などという意識が子どもたちに芽生え、ありのままの自分を出せなくなり、相手を受け入れることも難しくなります。一方で、一人ひとりの子どもの気持ちに寄り添って理解しようとすると、子どもは自分の思いを素直に表出するようになります。

□ 子ども同士の関係性を大切に

子ども同士が同じ場で遊んだり、楽しさを共有したりして好意的な感情をもてると、育ち合うクラスになります。トラブルが起こったときは、じっくり時間を取って仲立ちすることが大切です。このような保育者の様子をくり返し見聞きするなかで、子どもたちは、保育者の「一人ひとりを大切にしたい」という思いを受け止め、相手のことも自分のこととして考えられるようになっていきます。

「困ったときは、助けてもらえるし、困っている友だちを助けることもできる」「失敗しても大丈夫」「自分は友だちや先生に受け入れられている」「自分には良いところがある」という気持ちをもてれば、どの子どもも安心して自分らしくのびのびと過ごすことができるでしょう。それは、特別なニーズのある子どもに限ったことではなく、すべての子どもに必要なことなのです。

□ 互いを認め合える雰囲気をつくる

子ども一人ひとりの小さな変化や良い姿を見逃さず、あたたかい言葉をかけ、皆に伝えるようにします。そのようにすることで、子ども同士が相手や自分の良さに気付き、自分も相手も大切にし、互いに認め合う雰囲気が醸し出されていきます。

子どもを肯定的に、かつ多面的に見ていくと、保育者自身がそれまでもっていなかった価値観や感じ方に気付くことがあるかもしれません。

□ 障害名や診断名・国籍などに捉われないで

障害名や診断名・国籍などから子どもを理解しようとしても、適切な保育には結び付きません。同じ診断名が付いていても、子どもによって、また同じ子どもであってもその時々の環境などによって、状態は異なります。それは、人種や言語、宗教などが違う子どもも同じです。

ありのままの姿から、その子どもの良さや隠れている能力を見つけようとしてください。そのような保育者の気持ちや言動は、ほかの子どもにも伝わります。さらにクラスの子どもたちが、友だちの多様性を受け入れ、保育者と同じようにかかわろうとしていたら、それはインクルーシブ保育の成果といえるでしょう。

活動への参加が難しいときは

集団行動がとれず一斉活動に参加しづらい子どもがいたら、まず、「嫌な理由がある?」「保育者の指示や言葉が理解できない?」「何をすれば良いかわからない?」など、**子どもの身になって考えて、その背景を探ります。**

また、直接子どもの気持ちを聞いてみることも必要です。例えば、はじめての粘土あそびの場合、「ベタベタして気持ち悪いのかな」「先生がお手伝いすれば大丈夫かな」などと、穏やかに尋ねると、子どもが参加したくなる手立てを発見できることがあります。

参加しないとわがままだと思ったり、我慢すれば慣れると考えて強制することがあるかも知れません。しかし、それは避けなければなりません。子どものつらさを理解し軽減させることを検討しましょう。原因がわかりにくい場合は、巡回相談などを積極的に活用してみましょう。そのほか、動機づけや活動の流れを工夫してみましょう。大事なことは、子どもの困り感に気付き、その子自身が満足感や自信を味わえるようにすることです。

他害行動がある子どもの受け止め方

特別なニーズのある子どもがほかの子どもに暴力的な行動をとる**「他害行動」だけを見て、衝動性があるから仕方がないと決めつけては、適切な指導ができません。**まず、声をかけて他害行動を止め、相手にけががないかを確認します。そして、いきさつや理由、気持ちを双方から聞き取り受け止めます。すると、子どもはそれぞれ自分の主張を聞いてもらった安心感や満足感を得て落ち着けます。さらに、相手の事情や気持ちがわかってくると、仲直りする気持ちにもなれるでしょう。

しかし、子どもが言葉でうまく説明できないと、理解してほしくて暴力的な行動をくり返すことがあります。このような場合は、**子どもが言いたいことを想像して「はい」「いいえ」で答えられるように質問します。**子どもが表情や態度などで示す非言語での応答から、言語表現へと、地道な体験を積み重ねられるようにしていきましょう。

また、みんなが気持ち良く活動できるように環境を整備して、行動が起こる前に対処しておくことも重要です。さらには、気持ちがコントロールできなくなったときに、どうしたら良いかを子どもと日頃から話し合ってみてください。クールダウンできる場所を用意しておくのも有効な手立ての一つです。

過去に同じような状況があった場合は振り返って、その共通点も探ってみましょう。場合によって、その子どもが悪いのでなく、ほかの子どもが嫌がらせをして怒らせ、面白がるという例もあります。

他害行動への対応

1．声をかけて他害行動を止める

叩きません

2．行動の理由や気持ちを聞き取る

○○ちゃんの
持っていた
ぬいぐるみが
欲しかったの？

＊子どもが言葉で説明できないときは、子どもが言いたいことを想像して、「はい」「いいえ」で答えられる質問をする。

その他の工夫

□クールダウンできる場所を用意する
□気持ちが高ぶったときにすることを決めておく
　例）保育者に助けを求める、深呼吸する、など

「クラスの指導計画」と「個別の指導計画」をつなげる

日々、より良い保育を実践するうえで「指導計画」の作成は欠かせません。指導計画には、**年・期・学期ごとなど長期**のものと、**月・週・日など短期**のものがあります。いずれも、「①実態把握（クラスの状況や子どもの姿）⬇②計画作成（ねらい・内容・子どもの活動・保育者の援助・環境構成など）⬇③実践⬇④評価⬇⑤次の計画作成」のように循環を伴います。こうした循環をくり返しながら、保育の質の向上を目指します。

特別なニーズのある子どもが在籍する場合は「クラスの指導計画」に加えて、その子どものための**「個別の指導計画」**の作成が望まれます。その際、**双方の計画が別個のものではなく、可能な限りつながりをもった計画にする**ことを心がけます。

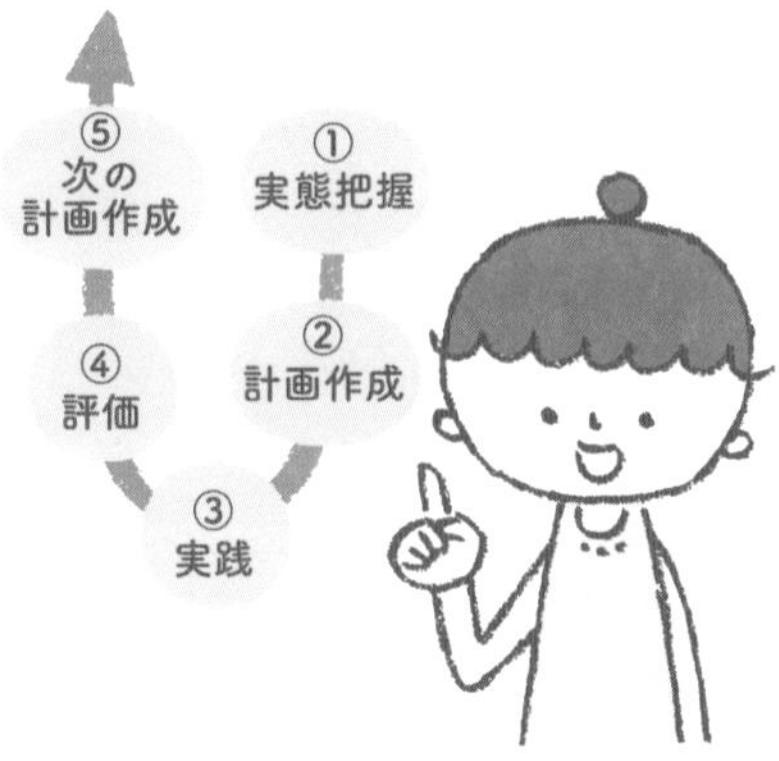

「クラスの指導計画」のポイント

①子ども同士の育ち合いなど、インクルーシブの視点を取り入れる。
②多様な子どもの実態に応じて柔軟性をもった計画や内容となるよう心がける。

インクルーシブの視点とは、特別なニーズのある子どももそうでない子どもも、適切に自己主張しながら他者と折り合いをつけて、自分らしく伸びていく過程を支える視点です。また、多様な子どもの実態に応じるためには、柔軟さが鍵となります。

「個別の指導計画」のポイント

①その子どもの行動・生活習慣・あそびの傾向・人間関係などの特性に十分配慮する。
②特性を踏まえ、クラスの活動にその子どもが参加できる手立てや環境、配慮点をできるだけ具体的に記入する。
③保育者同士の連携だけでなく、できれば、心理等の専門家や保護者との連携についても記入する。

「個別の指導計画」には、①②に加えて、保育者同士の連携や指導上の留意点などを明記しておくと指導の振り返りの際に役立ちます。また、保護者の願いや家庭の状況なども書き加えることで、きめ細かな指導へとつながります。

環境づくりを見直してみよう

環境は、ヒト（人）・モノ（物）・コト（事）に大別されますが、ここでは園内のモノ（物的環境）を考えていきます。**子どもが成長・発達するために、主体的な活動は最も効果的な学習場面の一つです。**「おもしろそう」「やってみたい」と思って行動すると、脳が活発に働き、成長・発達の促進につながるからです。

まず、子どもが登園して身支度をするまでの、朝のルーティンを見直してみましょう。登園して玄関に入ったときに、自分の靴箱がすぐ見つかるようになっているでしょうか？保育室に入って、スムーズに身支度が整えられるような動線になっているか、気が散りやすい余計な掲示物などがないかなど、子どもの目線で確認すると良いでしょう。登園してから靴をはき替え、荷物を置き、出席ノートにシールを貼るなどの一連の行動をストレスなく行えるようにすると、気持ち良く一日を始められます。

室内はあそびの場を広く取るとよいでしょう。**各コーナーには必要な用具や材料などを置き、そこに行けばできることを誰にでもわかるようにしておきます。**登園したときに、ほかの子どもが楽しそうに遊んでいる様子を見て意欲が湧く子どもがいます。一方で、朝一番に登園することで遊びやすくなる子どももいます。

特別なニーズのある子どもは、友だちと一緒に活動することを嫌がるかもしれません。その場合は、無理に誘う必要はありません。**ついたてなどを活用して、その子が安心して活動できる場を確保します。**焦らずに友だちと一緒に楽しめるようになる時期を待ちましょう。パニックになったときのために、クールダウンできる場があると、特別なニーズのある子どもも周囲の友だちも安心できます。疲れたり、気持ちが落ち着かなかったりしたときに、どんな子でも一人になって気持ちを立て直せる場になります。

また、座るときの姿勢の悪さが原因で製作に集中できなかったり、食事の進みが悪かったりすることも考えられます。イスに座って足の裏がしっかり床に付くか、骨盤を立てて座れているか確かめましょう。足台を作ったり、滑り止めのシートを敷いたりすることも必要になるかもしれません。

環境づくりのさまざまな工夫

■ わかりやすいマーク１
１日の始まりをスムーズに迎えることが重要。大きいマークを表示することで、クラスの靴箱が一目でわかるようになっている。

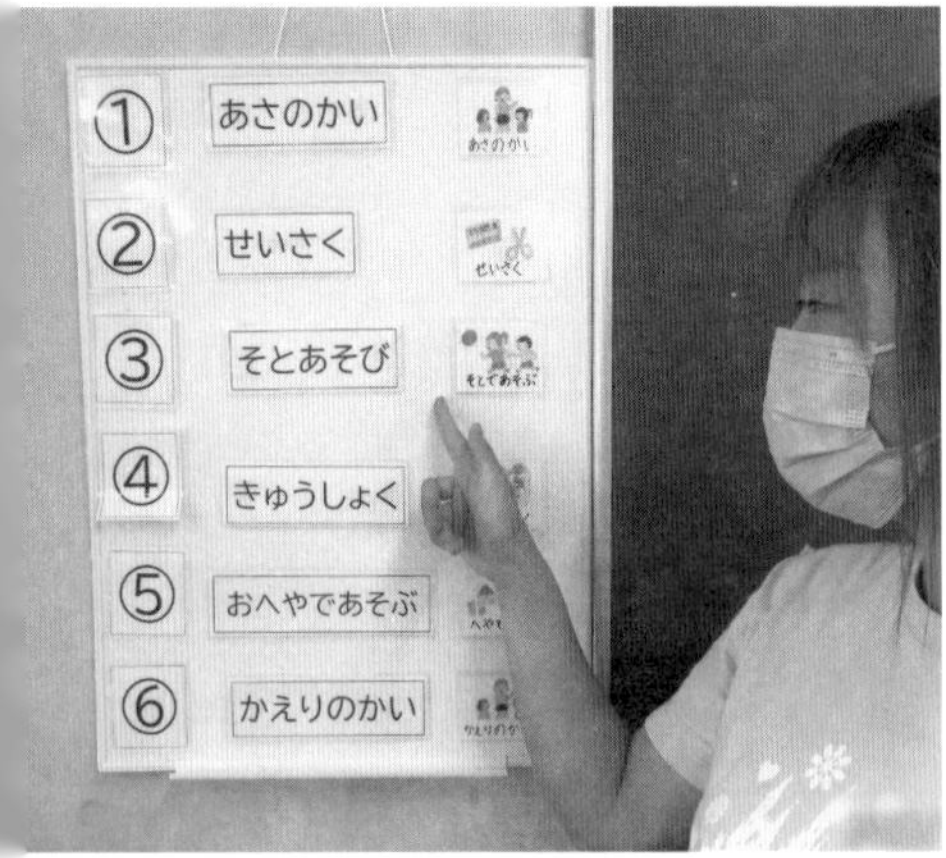

■ スケジュールボード
園での生活に見通しがもてずに不安を感じやすい子どもには、ボードを使って1日の流れを「見える化」して示すと良い。低年齢児のクラスは、イラストを貼って見た目にわかりやすくする工夫を。

■ わかりやすいマーク２
個人の荷物を入れる棚。持ち手のあるケースごと引き出して、好きな場所で着替えや身支度ができる。

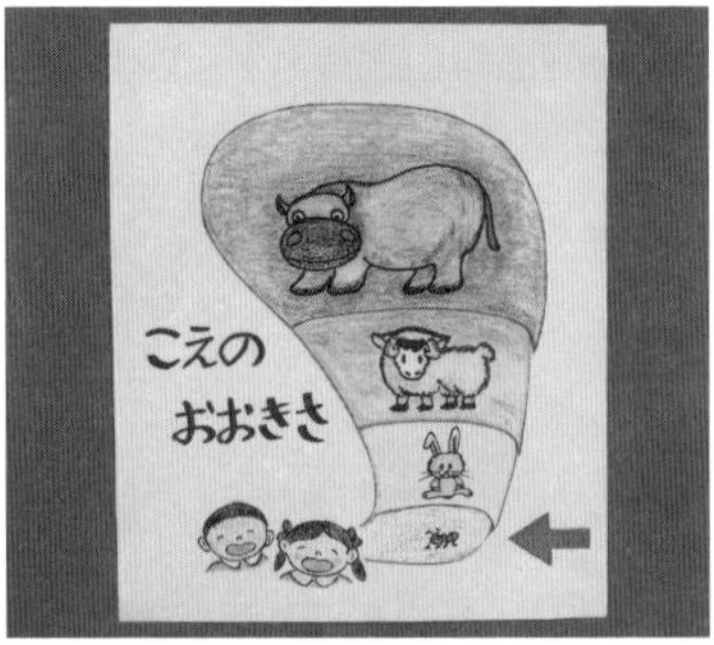

■ 適切な声の大きさ表示
「友だちと2人で話すときは、アリさんのように小さい声で話そうね」と言葉で伝えるだけでなく、絵にするとわかりやすい。

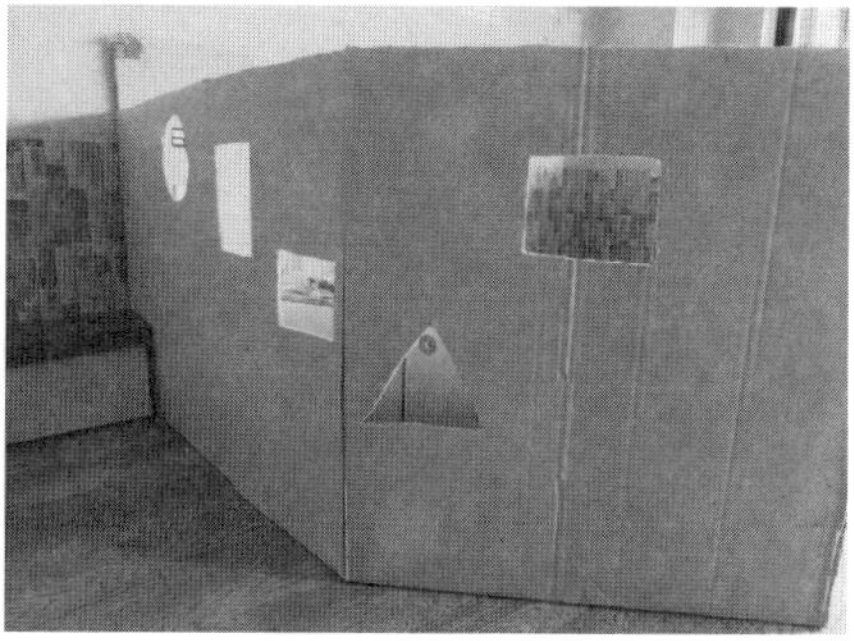

■空間を仕切る手作りついたて

大きいダンボールを使って作ったついたて。穴をあけることで、空間を分けながらも反対側の状況が感じられるようになっている。空間を仕切ったり、壁に沿わせたりして、その日のあそびの状況に合わせて移動させる。軽いので動かしやすい。左の写真のものは、穴の中に入って落ち着くこともできる。

■指の巧緻性を養うタオルかけ

誰もが自分でできるよう紐の長さに変化を付けて、達成感が味わえるようにしている。指を上手に動かせるようになったら、少し紐を短くして、さらに器用さを育てていく。

■イスの高さ調節

じっとイスに座っていられない子が増えている。姿勢の問題が考えられるので、足裏をしっかり地面に付けられるよう、バスマットで作った足置きを設置。カーペット用の滑り止めシートを使っても良い。

Case Study
1

気に入らないことがあると物を投げたり暴れたりして衝動が抑えられません。対応に苦慮しています。

（5歳児）

ここでの**「支援員」**とは、正規、非正規にかかわらず、特別なニーズのある子どもやそのクラスへの支援のための保育者をいう。また、**「専門家」**は外部から園に巡回相談に訪れる発達や療育における心理等の専門家をいう。

運動会の練習で勝手な動きをする

5歳のA児は、日頃から落ち着きがなかったり、衝動的な行動が抑えられないことがあります。気に入らないことがあって、自分の気持ちを言葉で伝えられないときには、イスやおもちゃを投げたり、床に転がって泣き喚いたりしてしまいます。

運動会が近づき、ダンスの練習をするようになると、A児は友だちと手をつなごうとしなかったり、自分でやりたいと言った先頭の役にもかかわらず、勝手な動きをしたりして、友だちと協力して取り組むことができませんでした。A児の行動は、どんどんエスカレートしていき、輪になるときに手をつなごうとして、A児に手を払いのけられ、痛い思いをする子や喧嘩をしそうになる子が出てきました。

クラスの子どもたちの安全のために担任がA児の近くにつき、側にいる子に手を出しそうなときには、すぐに園庭の隅に連れていき、クールダウンさせるようにしました。けれどA児の対応に時間がとられ、運動会の練習がなかなか進みません。

担任にとっては、どうしたらA児が穏やかに練習に参加できるのかが、いちばんの悩みでした。また、ほかの子どもたちがA児をどう思うのか、A児がクラスから孤立してしまうのではないかと、クラス運営への影響も気がかりでした。

気持ちを言葉にできる環境をつくる

そこで担任は、ほかの子どもたちにA児に対する本当の気持ちを聞いてみました。すると、みんなが頑張っているのにA児だけ練習しないのは「ずるい」「嫌だ」という声があがりました。しかし一方では、「Aちゃんはおもしろいし、好きだよ」「みんなで頑張ろうと決めたのだから、Aちゃんにも頑張ってほしい」という意見も出てきました。

担任はA児に、なぜ乱暴な行動をするのか、時間を十分に取って、その気持ちを尋ねてみました。すると、物を投げようとは思っていないのに、自然と体が動いてしまうことや、怒られたり否定されたりすると、衝動的に体が反応してしまうことがわかりました。

担任は、A児と2人でじっくり話すことで、家庭や園生活のなかで我慢をしてきたA児の気持ちに気付くことができ、また、自分の気持ちを口に出して言えるようになったA児に成長を感じました。そこで、A児には「これまで我慢してきて、つらかったね」と、A児が嫌だと感じた気持ちをわかっていることを伝え、嫌だと思ったときは担任に伝えてほしいと話しました。また、友だちの「Aちゃんにも頑張ってほしい」「Aちゃん、好きだよ」という気持ちをうれしいこととして受け止められるように働きかけました。

そうするうちに、少しずつではありましたが、物を投げたり、暴れたりする回数が減っていきました。運動会の練習は、気持ちが崩れそうになることもありましたが、保育者や友だちの声かけで気持ちを立て直して取り組むようになりました。

A児の場合、自分の気持ちを周囲にわかってもらえている、すべてを否定されているわけではない、ということが、A児自身のなかで大きくなっていったからでしょう。さらに、A児にとって、自分を認めることができる環境ができたことで、心の安定につながっていったと思われます。

インクルーシブの視点

子どもの気持ちを引き出すことは、なかなか難しいことです。しかし、「この人には、自分の気持ちを伝えてもいいのだ」と、どの子どもも思える関係づくりこそ、保育者が最も心がけたいことの一つではないでしょうか。

ここでは担任の投げかけで、ほかの子どもたちが、A児への思いを、不満だけでなく、良いところも含めて、素直な気持ちで発言しています。そして、A児も自分の気持ちを担任に伝えることができ、また、友だちの気持ちを知ることもできました。互いのこうしたやりとりは、子どもたちにとって、保育者が信頼できる存在になっているからこそ実現したものと考えられます。A児の行動がこれですぐに収まるわけではなく、まだまだ紆余曲折があると思います。自分の気持ちを言葉で伝える能力は、まだ発達段階の途中。子どもたちの気持ちを引き出し、寄り添うことは、保育者の大切な役割です。リアルに読み取れる事例といえるでしょう。

卒園後、A児の母親から担任に届いた手紙には「小学校のクラスに、かつてのAのように乱暴する子がいるそうです。『そんなとき、Aはどう思うの?』と聞いてみました。『自分もそうだったけど、今はしないよ』の言葉が返ってきて驚いています」とあったそうです。園での真剣なやり取りが、A児の心に根付いていると感じた内容の手紙でした。

POINT

どの子どもも本当の気持ちを安心して伝えられる保育者になる子ども同士をつなぐ役割を担う

Case Study
2

言葉を使っての
コミュニケーションが苦手です。
あるときから
泣いている友だちを叩くようになり
理由がわからず
対応に困っています。

（5歳児）

友だちが泣くと叩くようになる

5歳のB児は、3歳の頃から療育センターに通っていました。園では、B児は言われた言葉の意味はほぼ理解でき、指示が理解できないときは、B児なりにほかの子どもの動きから理解して、行動していました。

B児なりの言葉が担任に理解できるようになると、意思疎通できることが増えました。しかし、自由活動の場面では、一人で活動することがほとんどで、子ども同士の言葉によるコミュニケーションは限られた場面だけでした。

少人数の穏やかな雰囲気のクラスで、子どもたちの情緒は安定しており、B児も「ちょっと変わっているけれどクラスの一員」という認識で受け止められていました。B児は、特にM児のことを気に入っていました。M児は情緒が安定しており、だれからも好かれる子どもです。

12月、全員で劇あそびの活動を行っているときにM児がよく泣くようになりました。M児の父親が入院したことで、気持ちが不安定になっていたようです。M児が泣くと、B児は急いでそばまで行き、頭をゴツンと叩くようになりました。叩かれたM児はさらに泣くのですが、B児はそのままM児の隣にいました。それまで友だちに手を出したことがないB児がどうして叩くのか、担任には、理由がまったくわかりませんでした。

「叩く」という行為に込められた意味

M児が泣き出すと、担任もすぐにそこに行き、B児との間に割って入りました。そして、B児を止めながら「叩かないよ。『どうしたの？　大丈夫？』って涙を拭いてあげるのよ」と伝え、M児の涙をハンカチで拭きました。

普段の生活のなかでは、B児は意地悪や乱暴をすることなどのない、おっとりした性格の子どもです。そのため、担任には意地悪で叩いているとは思えませんでした。もしかしたらやさしくしたいけれど、やり方がわからないのかもしれない、とも想像していました。

一方、M児に対しては、父親の病気を心配する不安定な感情のためだろうと見守り、園生活を楽しめるよう配慮しました。

何回か同じようなことが続いたある日、M児が泣き始めると案の定、B児がM児めがけて飛んで行きました。担任が「あっ、また叩く！」と思った瞬間、B児はポケットからハンカチを取り出して、M児の顔を拭いてあげました。駆け寄った担任は、B児に「Mちゃんに『泣かないで、泣いちゃダメ』って言いたかったのね。今日はMちゃんの涙を拭いてあげられて良かったね」と伝えました。そしてM児にも「Bちゃんは、Mちゃんを心配してくれていたんだね、やっぱり」と伝えました。

B児のやさしさが、M児にも伝わったと感じられました。

友だちを叩きに行くB児の本当の気持ちは、その行動だけを見ていてもわかりません。なぜ叩こうとするのか、B児の日常の友だちとの接し方から推測することが必要です。また、子どもたちがB児に対してマイナスの感情をもたないように、その場で保育者が子どもの気持ちを言葉で仲介することも大切です。

保育者はB児の行動の陰に隠れている気持ちを肯定的に理解しようとしていました。保育者の行動は、周囲の子どもたちにとってB児を理解する際のモデルとなったことでしょう。また、周囲の子どもたちにも、「こういうときは、こうすると相手が安心して泣き止むよ」と、行動と言葉で示すことで、子どもは人との望ましいかかわり方を感じ取り、自ずと学んでいくのではないでしょうか。

どうしても子どもの気持ちがわかりかねるときは、心理等の専門家に相談するのも一つの方法です。ヒントをもらうだけでも、子どもへの理解が進みます。人と人とがかかわる場面は、実に多様な振る舞い方が求められます。そのため、このような場面を通しての保育者のかかわり方は、クラスのほかの子どもたちにも大切な学びの場となっているのです。インクルーシブ保育がすべての子どもにとって意味がある、という事例です。

POINT

子どもの行動に隠れている本音や理由を理解する

他者との心地良いかかわり方の手本を見せる

Case Study 3

保育室のドアを電車に見立てて
くり返し遊んでいます。
危ないからと止める保育者との
信頼関係が築けず、
ほかの子どもたちも
落ち着かない様子です。

（3歳児）

自分だけの電車あそびをくり返す

3歳で入園したC児は電車が大好きで、入園直後から保育室にあるおもちゃには興味をもたず、ひたすら保育室のドアを開け閉めしながら、電車のアナウンスをまねていました。ほかの子どもがドアに挟まれると危ないので、担任はC児が遊び始めるたびに止めていました。

楽しく遊んでいるのを毎回止めることになるので、担任は、C児が自分に対して信頼感をもてないのではないかと、不安になっていました。

また、保育者に注意ばかりされているC児の様子を見て、ほかの子どもたちがC児に対してマイナスの感情をもったり、落ち着いて過ごせないのではないかという心配もありました。それは、指導計画にある「保育者に信頼感をもち、安心して園で過ごす」というねらいを達成できそうにないと感じる、担任の不安にもつながっていったのです。

思う存分遊べる環境を考える

そこで、担任は不安や悩みを職員会議で相談しました。

指導計画に記されている通常の保育環境は、大多数の子どものねらいを達成するためには十分でも、C児にとっては不十分かもしれません。そこで担任は、C児が大好きなドアのあそびを十分にできる環境をつくってみたい、協力してほしいと相談したのです。C児の様子を普段見聞きしてクラスの様子を知っていたほかの保育者は、ドア作りに協力すると言ってくれました。一方で、C児には好きなあそびを続けるパワーがあって、興味・関心のあるものに対しては集中して取り組めるなど、C児の良さも確認できました。

早速担任は、ほかの保育者に手伝ってもらい、手作りのドアを作りました。安全に配慮して段ボールを使い、開け閉めできるよう引き戸のレールを取り付け、そこにドアをはめ込みました。

C児はこの電車のドアをとても気に入って、くり返し遊びました。そして、C児が楽しんでいる姿をうれしく思う担任が笑顔を向けると、C児も笑顔を返してくれるようになり、担任との関係も良くなりました。さらに担任は、電車や車を走らせるコースや、電車などを片付ける「車庫」を用意しました。すると、ほかの子どもたちもC児と一緒に遊ぶようになっただけでなく、車庫に電車を片付けたりするようになりました。そして、「車庫」に電車などを片付ける場面では、友だちと声をかけ合ったり笑い合ったりして、友だちとの心地良いかかわりが増えていきました。

インクルーシブの視点

保育者がC児の興味・関心をありのまま受け止めて、安全に遊べる環境をつくったことで、C児は自分の好きなあそびに安心して取り組めるようになりました。入園当初は、安心して楽しく過ごすことを優先し、子どもが園と保育者を大好きになれるように配慮した成果です。危険が伴うことは止めさせる一方、子どもの興味・関心を尊重し、安全に遊べる環境や手立てを考えて、実践できると良いですね。

さらにほかの子どもたちが、「電車で遊ぶのが好きなCちゃん」として、C児を理解するようになり、同じ場で遊ぶ仲間として親しみをもつようになっています。

個別のニーズに応える環境を設定したことで、「保育者に信頼感をもち、安心して園で過ごす」というねらいは、C児も他児も達成することができました。

さらに、保育者のアイデアからうまれた「車庫」は、友だちと一緒に電車を走らせて遊んで満足感を十分に味わった後、片付けをしながら、「楽しかったね」「また明日もやろうね」と共感し合う場となっています。

また、保育者が自分の困っていることを素直に職員会議で話せたこと、それを我がこととして共に考え、協力した職員同士の心地良い関係になっていることにも注目したいと思います。

POINT

子どもの興味・関心を受け止めて活かす
保育者の悩みや問題を園ぐるみで受け止める

Case Study

4

園でのあそびに興味を示しません。製作のコーナーのところにやってきても、ただイスに座っているだけであそびへの好奇心が感じられません。

（4歳児）

あそびに誘っても興味をもたない

D児には診断はついていませんでしたが、特別なニーズのある子どもでした。D児は興味・関心の幅が狭く、自由活動のときに、絵を描く活動や製作活動に誘っても、手を出そうとしませんでした。

保育室には、子どもが自分なりの目的をもって活動するコーナーがいくつか設定されていました。なかでも製作コーナーは常に同じ場所に配置され、指導計画に基づいて材料や用具を自由に使えるように設定されていました。そこでは、折り紙をする子どももいれば、ごっこあそびに使いたいものを作りに来る子どももいました。

あるとき、この製作コーナーに、D児が毎日自分から座るようになりました。なぜ座るようになったのかわかりませんでしたが、D児が座るので、保育者も近くに座るようにしました。

友だちの様子を見ることで自ら製作に取り組むように

D児は製作コーナーに座っていても、特に何をするわけでもなく、その場にただ居るだけでした。保育者は、製作コーナーで活動しているほかの子どもの求めに対応したり、肯定的な声かけをしたりしていました。

ある日、D児は折り紙を手に取り、折り畳み始めました。そして、その折り紙にセロハンテープを何重にも巻き付けるようになったのです。保育者は、ほかの子どもに対応するのと同じように、D児にセロハンテープの切り方のコツなどを教えたりしました。そして「随分重たいの、作ったね」などと声をかけているうちに、周りの友だちもD児の作っているものに関心をもつようになり、「こんなの作ったんだ、すごいね」などと、D児に話しかけました。

D児は、できた作品を毎日家に持ち帰るようになり、しばらくすると、折り紙で作品を折るようになりました。家で折ったたくさんの「やっこさん」や「しかけぶね」を園に持っ

室内の環境設定

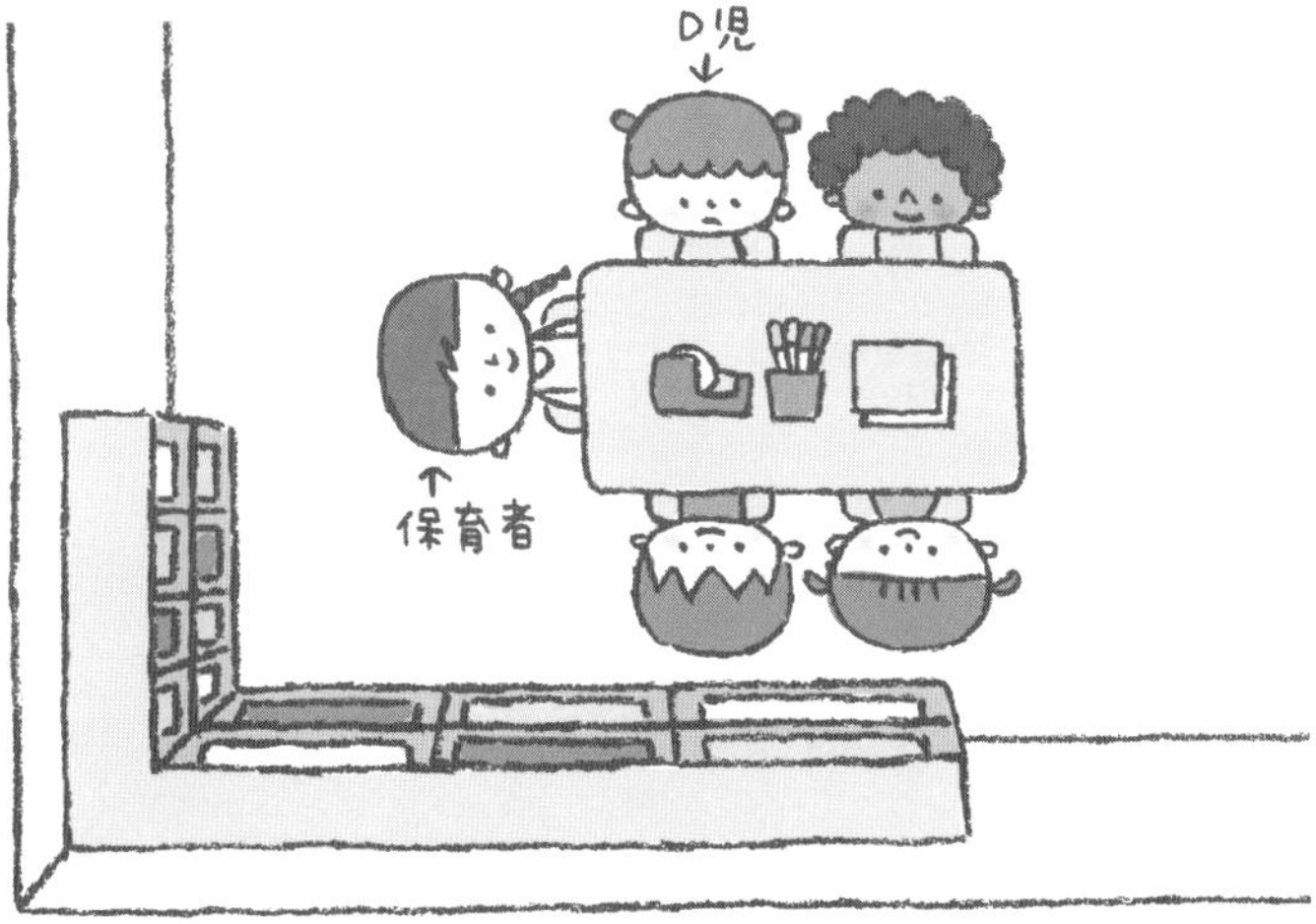

保育者は保育室全体が見渡せる位置に座り、D児は気が散らない落ち着く位置が良い。

て来ることもあり、担任が朝の集まりでほかの子どもたちに見せると、その度にみんなが驚きました。その後、D児は動物などの絵も描くようになりました。それは特徴を良く捉え、なおかつユーモアのある絵でした。

インクルーシブの視点

製作コーナーでは、子どもたちが作りたいものを作ってそれで遊ぶ様子や、保育者とやりとりする様子が、D児の目の前で毎日くり広げられていました。そこから、D児なりに感じ取るものがあったのでしょう。「自分も作ってみたい」と、心が動いたのではないかと思います。また、困ったことがあったら、身近にいる保育者に助けてもらえるという安心感も行動につながったのではないでしょうか。

一方で、友だちや保育者に声をかけられ、作品を褒めてもらえるという経験を通して、他者に認めてもらえるうれしさを感じたことも、製作活動への意欲だけでなく、「自分はこれでいいんだ」という思いをもたらしたと思います。

子どもの心の中を覗くことはできませんが、同じ場所で子どもたちが一緒に過ごすことで互いに受ける影響は計り知れません。保育者の目には「興味・関心がない」ように見えても、子どもは周囲の刺激からさまざまなことを感じとっているのです。その姿に粘り強く、静かに寄り添い続けることで、時間とともに子どもの思いが行動に現れるようになった事例です。子どもが主体性を発揮するためには、「こうしなさい」と指導されるよりも、他者の行動を見ることのほうが、子どもの心に自然に入っていく場合があります。焦らず時間をかけることも大切です。

POINT

無理に活動に誘うのでなく主体的な行動を引き出す環境をつくる認められる経験を自信につなげる

Case Study

5

運動あそびに興味をもち始め、
自分からジャングルジムに登りますが
2段目より上には登ろうとしません。
怖くて登れないのではなく
意欲がないように見えます。

（5歳児）

意欲がもてず、あと一歩が踏み出せない

E児は入園当初、運動あそびをほとんどしませんでした。しかし、少しでも興味・関心をもてるように意識した担任の働きかけや友だちの影響もあって、かけっこにも喜んで参加し、ブランコの立ちこぎやシーソー、鉄棒の「ブタの丸焼き」などができるようになり、ジャングルジムも1段目にあがるようになりました。ところが、どうしてもそれ以上、上には登って行きません。

担任が見本を見せたり、「ここに足を置いて、ここに手をかけて……」と具体的に手伝ったりしました。大好きな友だちも一緒にやってくれますが、1段目で止まってしまいます。E児の運動面の成長から考えると、「やってみたい」という意欲やきっかけさえあればできるのではないかと、担任は考えていました。

担任の声かけと友だちの力が後押し

担任は、どうすればE児が2段目より上にあがれるようになるのかを考え続けました。以前、特別支援教育の研修で学んだ「先に楽しいことがあると、少し苦手なことにも取り組める」ということを思い出しました。そこで、プールの準備体操の後に、「この後、ジャングルジムのてっぺんまで行って、向こう側に降りてシャワーを浴びましょう」と子どもたちに伝えました。E児はプールが大好きだったので、「今だったらジャングルジムに登れるかもしれない」と、思いついたのです。

担任の言葉でほかの子どもたちが一斉に登り始めると、一瞬、尻込みをしたようなE児でしたが、その人波に押されるようにジャングルジムに取り付きました。そして、休むことなくてっぺんまで登り、身体の向きを変えて、向こう側に降りることができました。

それ以来、E児と仲良しの友だちと担任の3人で、ジャングルジムのてっぺんに座り、周りを見回すことを楽しむようになりました。

インクルーシブの視点

ジャングルジムのてっぺんまで登って反対側に降りるためには、複雑で高度な感覚や技術が必要です。運動に不慣れだったE児ですが、さまざまな運動的な体験を通して、それらの感覚や技術は育っていたのだと思います。しかし、挑戦する気持ちをもつまでには至っていなかったのでしょう。

担任が「大好きなプールに入るには、ジャングルジムを登らないといけない」という場面をつくったことで、「プールに入るには、やるしかないんだ。みんなもやっている……」というような気持ちになったのだと思います。研修で学んだ「先に楽しいことがあると、少し苦手なことにも取り組める」という指導の法則が、効果的に働いたといえるでしょう。

一方、集団が一斉に行動するときの勢いがE児の背中を押したともいえます。E児自身に「自分はみんなと一緒にやるときはやるんだ」というような帰属意識の芽生えが育っていたのだと考えられます。

この事例では、担任が研修で得た知識をうまく活かしたことで、自身の学びを保育に反映させる楽しさを実感しました。E児は、ジャングルジムのてっぺんという、新しく自ら獲得した場で、友だちや担任と一緒に過ごす心地良さを感じていたのではないでしょうか。

POINT

挑戦する気持ちを後押しする場面をつくる
友だちと過ごす心地良さを味わえるよう無理なく働きかける

Case Study

6

友だちから靴を隠されました。いたずら半分の行動がクラスに広がっていき「いじめ」に発展しないか心配です。

（4歳児）

ふざけ合いがエスカレート

F児はこだわりが強く、年齢よりも幼いところがあります。そのため、支援員が付いていましたが、友だちのN児との関係は良好でよくふざけ合って遊んでいました。

ある朝、登園してきたF児の靴を、N児がふざけて隠してしまいました。F児は笑いながら「やめてよ〜」と言うものの、N児はやめません。二人の様子は単純にじゃれあっているると見えたようで、その内に隣のクラスのO児が仲間に入りました。その後、次々と子どもたちが加わってF児の靴以外の持ち物も取り上げては隠すようになりました。自分の持ち物をあそび半分で友だちが隠すのを、ただ「やめて」と言っていたF児の表情が徐々に変わってきました。付き添っていた支援員も子どもたちを止めましたが、しばらくの間この状況が続いてしまいました。

F児には「いじめられた」という意識はなかったようですが、ほかの子どもたちの様子を見ていると、これがいじめに発展していくのではないかと、支援員はハラハラしながら担任を待っていました。

「いじめ」の根っこを逃さず対応する

子どもたちの様子を支援員から聞いた担任は、クラス全員に向かってこの出来事を話しました。

どんなきっかけでF児の持ち物を隠す行為に加わったのか、隠すことでどんな気持ちになったか、自分がされたとしたらどんな気持ちになるのかなどについて、子どもたちの率直な思いを聞きました。

ほとんどの子どもたちは、保育者からこうした問いかけを受けた時点で表情が変わりました。神妙な面持ちで受け止める様子からは、明確な理由はわからないながら、漠然と「良くないことだった」と思っている様子が見て取れました。一方で、隠したN児をはじめ、直接かかわった一部の子どもは、「遊んでいただけなのに叱られた」「楽しかったのに怒られた」と不満を感じているように見えました。

子どもたちの意見を一通り聞いた後で、担任は、「する側とされる側ではまったく思いが異なること」「自分がされて嫌なことはしてはいけないこと」「友だちに誘われても断るという勇気をもつこと」など、保育者が大切にしている思いを伝えました。

また、担任は、当事者のF児がそれほど嫌がっていない様子だったことに違和感をもちました。そこで、落ち着いてからF児の気持ちを聞き取ったところ、「ぼくの荷物、かわいそうだった」と、他人事のように話しました。この出来事は保育者全体で情報を共有し、対応を話し合うことにしました。

インクルーシブの視点

このケースでは、保育者と支援員の連携によって、大きな問題にならずにすみました。こうした状況に気付いたときは、まずは、職員間で情報を共有し、早急に対応することが大切です。どの子どもであっても「からかい」や「いじめ」などの対象となった場合、本人が状況を判断できないまま、エスカレートする可能性があります。

本人が気持ちを伝えられないときは、保育者が代弁したり保育者自身の思いを率直に伝えたりすることで、子どもたちが問題の本質に気付けるように指導することが必要です。何よりも大切なことは、子どもが本当の気持ちを話し合えるクラス運営です。

こうした出来事にきちんと対応し、将来のいじめにつながらないように心がけましょう。

また、F児の様子や「荷物がかわいそうだった」という言葉に疑問をもった担任は、落ち着いてから気持ちを聞いたことで、F児の抱える新たな課題も考えるようになりました。物を隠されたことに対して、悲しみや怒りが感じられないのはどうしてか、F児の発達の状態やほかのクラスを含めた友だち関係はどうかなど、改めて園ぐるみで対応していく必要があると考えられた事例です。

POINT

「いじめの芽」を見逃さず園ぐるみで対応する保育者の真剣な思いを子どもに伝える

Case Study
7

気になることがあると
じっとしていられず、
どこへでも走って行ってしまうので
常に目が離せません。

（3歳児）

クラスの活動に参加できない

G児は2歳のときに、ASDの診断を受けました。さかさまにした三輪車の車輪を回して眺めたり、高い所に登ったりする様子がよく見られました。そして、3歳になって保育室が移ったことから、玄関から保育室までスムーズに行けなくなりました。気になるものがあるたびに立ち止まったり、手を出すようになったからです。保育者が付き添ってやっとのことで保育室に着くと、荷物を放り出してすぐに部屋を飛び出し、園舎内を走り回ったり、ときには上履きのまま園庭に飛び出してしまったりすることが続きました。友だちへの関心は極端に薄く、言葉でのやりとりも難しく、クラスでの活動に参加しないことが多くなりました。

気になる動きが活発になった頃に、園長は母親と面談して得た情報やG児本人と接した感触から、担任だけでG児とほかの子どもたちを保育することは難しいと判断し、G児のために支援員を配置しました。G児が園庭で気がすむまで三輪車を乗り回したり、棚からボールを出し入れしたりするなど、ほかの子と離れて自分の興味のあるあそびに没頭している時間は支援員が付き添いました。

G児は自分の好きなあそびをしている時間は穏やかに過ごせましたが、食事や午睡の時間になってもあそびを続けようとしたり、保育者から止められると泣いてしまったりして、気持ちの切り替えがうまくできませんでした。一人で遊ぶ時間が長いので、クラスの子どもたちとの関係が十分に築けていないことも気がかりでした。

常に保育者の目が離せない状態だったので、チーム保育のあり方にも見直しが必要でした。

職員間で目標を設定した

G児へのかかわり方を、職員会議で話し合い共有しました。3歳の夏休みになるまでは、G児が園を好きになってくれることを目標に、G児が不安になったり混乱したりしないですむようなかかわり方をすることにしました。

夏休みが明けると、G児はクラスにいる時間が長くなり、少しずつ友だちのあそびに関心を示すようになりました。次第にあそびの様子を見て笑顔を見せるようになりました。

年明けには、登園時に自分で保育室まで行くようになりました。G児が荷物の整理をしやすいよう、一方向に進めば荷物を所定の場所に収められるような動線に変更したことで、自分でできることが増えていきました。

この頃になると友だちへの興味が強くなり、友だちが遊んでいるところへ近寄って行くようになりました。仲間に入りたい様子も見られましたが、あそびが盛り上がっていると受け入れてもらえな

いこともありました。そんなときは、保育者がG児の気持ちを言葉にして伝え、友だちとの橋渡しをするようにしました。そのうちに、G児をあそびに誘う友だちが何人かできました。

入園してしばらくの間、G児が保育室から出て行くので、担任がG児の行動を把握できないときがよくありました。しかし、支援員がG児の行動を記録しくれたので、担任との情報共有がスムーズで、かつ的確に行えました。その結果、目標の設定や指導が適切になり、G児の育ちを促しました。

インクルーシブの視点

特別なニーズのある子どもに支援員がついていると、任せきりになってしまうことがあります。このケースのように、記録を媒介として担任と支援員が情報を共有する時間を取り、常に意思の疎通が図れるとは限りません。支援員は非常勤として時間的制約をもつ

ことが多い実情もあります。そのため、担任や支援員が指導の手立てや情報の共有を図るためには、その園なりの工夫が必要です。互いに記録を取り交換し合う、降園前のひとときを意見・情報交換の時間に充てる、週や月単位で話し合いの時間を捻出する等々です。

ASDの子どもは、人の表情から感情を読み取ることが苦手で、友だちとの関係づくりが難しくなる傾向があります。保育者が互いの気持ちを言葉にして伝え、相手の気持ちに気付けるように手助けをすることが必要です。

POINT

指導の方向性や手立てなど保育者同士の情報共有に努める子どもたちの関係づくりを橋渡しする

Case Study

8

給食を拒否して

食事ができません。

家でも偏食傾向はあるようですが、

おなかが空いていても

園ではいっさい

食べることができません。

（4歳児）

感覚過敏で給食に手をつけられない

H児は、診断はついていませんでしたがこだわりが強く、自閉的な傾向と、触覚・聴覚・味覚の感覚過敏がありました。園で特に困ったことは、入園した当初から続く給食の拒否でした。

家でも偏食傾向はあるとのことでしたが、園では給食にいっさい手をつけようとしなかったのです。栄養士とも話し合い、対応を考えました。複数の食材が混ざっているのが気になるのかと思い、食材を分けて提供したり細かく刻んだりして、なんとか食べられるようにしたいと思いましたが、なかなかうまくいきませんでした。

家から弁当を持ってきてもらっても、家では食べられるご飯やおかずに、園では手をつけようとはしませんでした。4歳児クラスに進級しても給食は食べず、食事がとれないため体力がもたず、お迎えが来るまで保健室で眠り込むことがありました。

外部機関との連携で食べられる方法を探る

H児は、4歳児クラスの半ばから園と併用して療育センターにも通うようになりました。そこで、療育センターとの連携で互いの保育を見学し、話し合う機会をもつようになりました。話し合いのなかで、療育センターではH児の希望が尊重され、給食の代わりにカップラーメンを食べていたことがわかりました。そこで、園でも多少なりともカロリー補給のため、カップラーメンを食べられるよう配慮しました。この昼食を食べるようになってから、H児は保健室で眠ることもなくなり、降園まで元気に活動を続けられるようになりました。

H児は、最初のうちこそクラスの活動に入ることが難しかったのですが、少しずつ活動範囲を広げていきました。もともと、外あそびが大好きで、動物や虫などに興味をもっていました。昼食にカップラーメンをとるようになったことをきっかけに友だちにも関心を示し、動物や虫が好きな友だちと笑顔で遊ぶ姿が見られるようになりました。

インクルーシブの視点

カップラーメンを食べられるようにすることは、H児への合理的配慮の観点から、適切な選択だったと思います。一方、この事例では、クラスのほかの子どもたちが給食を食べているなかで、H児だけが別のものを食べることになり、そのことについて、ほかの子どもたちがどう受け止めるのかが課題になりました。

そこで保育者は、ほかの子どもたちに率直にH児の状態を伝えています。丁寧に説明することで子どもたちが自身の問題として受け止め、自分の思いを伝えたり、H児の立場になって考えたりする機会をもちました。

たとえば「Hちゃんだけ、ずるい」といったような声が聞かれた場合、その気持ちを受け止め、「一緒にカップラーメンを食べてみる?」と、投げかけてみるのも良いでしょう。この場合は、H児の保護者はもとより他児の保護者にも、園の方針を事前に説明しておく必要があります。H児の状況がそれぞれの家庭でも話題になり、理解につながっていくかもしれません。一度みんなでカップラーメンを食べたら、子どもたちは納得するかもしれません。このケースでは、「Hちゃんだけ？　私も食べたい」という発言はあったものの、実際には、だれからも要求は出なかったそうです。

H児は、昼食がとれるようになった頃から活動が積極的になっていったと考えると、これは必要な合理的配慮だったと思われます。栄養的な課題は残りますが、まずは園での活動を支える体力をつけることが大切です。保護者だけでなく、療育センターとも協力して取り組めたことが良い結果につながりました。ただし、カップラーメンを園で食べられたからといって、給食も食べさせようと早急に無理強いするのは禁物で、様子を見ながら対応することが必要です。

POINT

子どもにとって必要な合理的配慮を行う
周りの子どもたちへ丁寧に説明する

Case Study

9

超低出生体重児で生まれ、
両足に麻痺があり一生歩けないと
診断されていましたが、
園生活のなかでは
友だちと同じことをしたい
意欲が見られます。

（5歳児）

身体的に障害のある子どもを受け入れる

Ｉ児は千グラム以下で生まれ、両足に麻痺があるため、３歳で入園した当時は歩くことができませんでした。主治医にも「一生歩くことはできないだろう」と言われていました。園では、Ｉ児の受け入れの際には葛藤し、真剣に悩みました。受け入れは本当に可能か、Ｉ児にとって適切な環境が整えられるか、担任だけでの対応が可能かなどです。一方で、Ｉ児の保護者には「特別なことを求めているのではなく、ほかのお子さんたちと同じ場所に居させたいだけ」という強い気持ちがありました。そのため、その思いを理解し、共に相談しながら進めていくことで、受け入れを決め、支援員も確保しました。

Ｉ児には移動上の問題はありましたが、好奇心旺盛で、支援員の介助を受けながら、友だちがいるところはどこへでも近寄っていきました。友だちと一緒にやってみたい、という強い気持ちが見て取れました。

当初はイスに座る姿勢が安定しなかったため、Ｉ児が通っていた療育センターの理学療法士の協力を得て、I児が座りやすいようにイスに工夫をしました。背当てや脇当てのクッションや足置き台などを使うことで、安定して座ることができるようになりました。

「一緒にやりたい」という意欲を汲み取る

I児の意欲を受け取って、できるだけほかの子どもたちと一緒に行動できるように見守っていきました。次第に、I児が使う装具や特別なイスに対して、クラスの友だちが興味を示し、担任や支援員に質問したり、I児の手助けをしたがったりするようになりました。担任や支援員は質問があったらその都度きちんと答え、ときにはI児自身が自分で説明をすることもありました。

そのうちに、周りの子どもたちがI児のペースに合わせて歩いたり、手を貸したり、I児の手助けをするようになっていきました。子どもたちがあそびに夢中になって、I児を置いてきぼりにしてしまうこともありましたが、I児はそれにもめげず、介助を受けながら、仲間に加わろうとしていました。

そのような園生活を続けるなか、驚いたことに、その後、専門家のアドバイスを受けながら歩行を助ける短下肢装具※を装着して、自力で立位を取れるようになりました。時間はかかりましたが、徐々に歩くことができるようになったのです。さらに、I児は行動範囲を広げていきました。クラス対抗のホッケーゲームに参加するI児の動きはとてもゆっくりで、得点にはつながりませんでしたが、その姿は頼もしいものでした。また、周囲の子どもたちのI児を特別視しない自然な態度は、I児に心地良さと安心感を与えていました。

※短下肢装具……足首の関節の動きを制限し、歩行などのサポートと治療を目的とした装具。

インクルーシブの視点

I児が主治医を驚かせるほどの発達を示したのは、I児自身の意欲はもとより、園という場所のヒト（人）・モノ（物）・コト（事）の環境の影響が大きいと感じます。周囲の友だちがI児を特別視せず、自然な態度でかかわっていることもI児の発達を後押ししたのではないでしょうか。

I児の受け入れについて、車イスを使用できるようにしたり、理学療法士などの専門家との連携を深めてアドバイスを取り入れたりするなど、必要に応じて行った合理的配慮も、I児の発達の大きな原動力になったと思います。

ところで、保育所保育指針には「看護師または保健師は、1名なら保育士とみなして良い」と明記されています。また、幼稚園設置基準には養護教諭等を置くよう努めることが記されています。看護師や保健師、養護教諭などの医療等のスタッフがいることで、保育者とは異なる視点から子どもの状態や保護者の希望を捉え、発達や生活上のニーズを把握し、サポートすることができます。また、医療等のスタッフが窓口になることで、医師や理学療法士、作業療法士などの専門家との関係づくりがスムーズに行える場合もあるでしょう。

子どもたち一人ひとりの発達に合わせたさまざまな活動を安全に行うためには、医療等のスタッフを迎えることも、保育の大きな支えとなるかもしれません。

POINT

専門家と連携して環境を整える
特別視せず自然な態度でかかわれるようにする

Case Study

10

やきいも会での焚き火を怖がり
パニック状態になりました。
日常的に楽器の演奏や大きな音を
怖がり耳をふさぐこともあります。
そのため行事やその練習では
みんなと一緒に参加できない
ことがあります。

（5歳児）

クラスでの活動に参加できない

J児は、3歳で入園したときから楽器あそびや合唱の活動では耳をふさぎ、活動に参加することが難しい子どもでした。知的な面では言葉の理解度も高く、困った場面に遭遇したときなどには、自分の状況や気持ちを保育者に説明してくれました。

4歳児クラスになると仲の良い友だちはいましたが、その友だちに対して、いきなり怒り出すことがありました。落ち着いてから「さっきはどうして怒ったの?」と気持ちを聞くと、「前に、ぼくのことをぶった」と、1年以上前のことを思い出すフラッシュバックが起こり、周囲を驚かせることもありました。

やきいも会での焚き火にパニック

園では毎年、いもほり遠足で掘ってきたサツマイモで、やきいも会を行っていました。やきいも会では、子どもたちが濡れた新聞紙とアルミ箔で包んだサツマイモを焚き火に放り込み、焼き上がりを楽しみに待ちます。J児も自分で包んだサツマイモを持って焚き火に近づきましたが、投げ入れることができませんでした。何度か挑戦しましたが、火の近くまでは行けるものの、放り込むことができずに、とうとう泣き出してしまいました。

J児が泣き止むのを待ちましたが、パニック状態になってしまいました。保育者は「火が怖いのかもしれない」と、焚き火から遠い園庭の隅に連れて行き、落ち着くのを待つことにしました。パニックは収まりましたが、みんなと一緒にやきいも会に参加することはできませんでした。

落ち着いてから「どうしたの？　何が嫌だったの？」とJ児に尋ねたところ、「煙が怖かった」と話してくれました。当初保育者は火が怖いのだと思っていましたが、火ではな

く煙に反応していたことがわかりました。

1年後、園恒例のやきいも会の日が巡ってきました。今回はやきいも会を行う前に、J児に「今年はどうしたい？」と聞いたところ、「お部屋の中から見ていたい」と答え、仲の良い友だちが「一緒にいてあげる」と付き添ってくれることになりました。

やきいも会当日は、室内から焚き火が見える場所に行き、「ここからなら大丈夫？」と確認すると、J児はコクンとうなずきました。しばらくは友だちと一緒にガラス越しにやきいも会の様子を見ていましたが、そのうちに園庭に出てきて焚き火にさつまいもを放り入れるなどして、その後は最後までやきいも会に参加することができました。

インクルーシブの視点

J児のように、自分のつらさに共感してくれる保育者や友だちがいると、自分のつらさを、ある程度抑えられるケースは少なくありません。もともと音を嫌がることから、聴覚の過敏さがあることはわかっていたので、保育者は火にも敏感に反応するのではないかと仮説を立てて対応しました。結果的には火ではなく煙でしたが、そうした担任の気づきが、適切な支援につながっています。

視覚、聴覚、触覚、味覚、嗅覚、痛覚等の感覚に関するつらさは、周囲にはわかりにくいことがよくあります。心理的な状況や体調によっても感じ方が変わり、成長につれて軽減することもあるので、無理強いは禁物です。保護者からも情報を得て、園内の環境を見直し、苦手なものを避けられる環境整備に努めることが必要です。また、環境そのものを変えなくとも、この事例のように本人のつらさに共感し、受け止めるなど個人的に配慮することで、つらさが軽減することも少なくありません。

保育者は、全員参加を目標にしてしまいがちですが、そうではない方法を考えて、子どもの心に寄り添う必要があります。このケースでは、翌年、子どもの希望を聞いて室内で参加できるようにしました。これは合理的配慮といえるでしょう。J児に寄り添っている友だちの存在も心強かったと考えられます。

POINT

子どもの苦しさやつらさに共感し、我慢しなくても良い環境をつくる選択肢を用意して、子どもが選べるようにする

Case Study

11

アメリカ育ちで
日本語が話せません。
園の生活に慣れてきたものの
言葉での意思疎通が難しく
保護者とのコミュニケーションにも
苦労しています。

（4歳児）

日本語が話せない親子とのコミュニケーション

アメリカで生まれたK児は父親の仕事の都合で来日し、3歳で入園しました。母親はアメリカ育ちで日本語が話せなかったため、園からのお知らせやおたよりの内容が伝わらないことがよくありました。日本語の話せる父親に連絡を取れば伝わりましたが、仕事が忙しく、十分に話をする機会がつくれませんでした。

K児は英語もカタコトで、日本語はまったく話せなかったため、入園したときからイラストや絵カードを使ったり、保育者がカタコトの英語で伝えたりと、工夫を重ねてコミュニケーションをとっていました。年少の終わり頃には仲の良い友だちができ、その友だちの助けもあって、園の生活に慣れてきたように見えました。

あるとき、園の行事で弁当を用意してもらう必要があったため、前日、母親に弁当箱を見せて、英語を交えながら「明日はお弁当を持ってきてください」と伝えたところ、翌日、K児のカバンに入っていたのは、空の弁当箱ということがありました。そのときは、園で用意したおにぎりを弁当箱に詰めてその場をしのぎましたが、園では言葉の課題とともに文化の違いを痛感しました。

文化の違いと捉えたことで発達の課題を見過ごした

園の生活に慣れてきたK児でしたが、なかなか日本語を話せるようになりませんでした。それまで在籍した外国籍の子どもたちの多くは、1年もたつと日常生活に不自由しない程度には日本語を話せるようになりましたが、K児は違いました。ときどき保育者の指示に戸惑う様子が見られ、問いかけも理解できないことがありました。保育者は、まだ日本語が理解できないためだと受け止めていました。

1年後、K児の1歳下の弟が入園してくると、K児との違いが浮き彫りになりました。弟は、日常生活には困らない程度に日本語が使え、すぐにクラスの友だちと園生活を楽しむ様子が見られたからです。それまで保育者は、K児とコミュニケーションがとれないことを、母語が違うことによる言葉の問題として捉えてきましたが、ほかにも原因があるのではないかと考えるようになりました。そこで父親に相談することで、発達の専門家が在籍する支援機関につなげることができました。

このケースには、外国にルーツをもち、言葉や文化が異なる子どもにどのように対応するかという点と、言葉の問題の陰に隠れて、発達の課題が見えにくいという2つの問題がありました。1年後にK児の弟が入園し、発達の違いを目にしたことでK児のもつ真の課題に気付くことになったのです。

外国人親子への支援については、幼稚園教育要領や保育所保育指針等に盛り込まれています。これらを基本に、その子どもなりの特性に寄り添いながら対応していくことが大切です。ただし、どのように支援するかについては園に任されている部分が多く、自治体によって支援の有無や内容など、対応が異なるのが現状です。

このケースでは、保護者（母親）とのコミュニケーションが言語的に難しく、K児の園生活に支障が生じました。園の職員だけの努力で支援しようとするのではなく、外部の力を借りることを早々に検討するべきだったことに、後になって気付きました。相談窓口を設けている自治体は増えています

し、地域によっては独自に支援を行っているＮＰＯなどもあります。英語に限らず他国の言語を話せる保護者などに協力してもらうのも一つの方法です。

言葉や文化の違いによって、保育者だけでは発達の課題があるかどうかを判断するのが難しいケースもあると思います。心理等の専門家の巡回相談などを利用することも検討し、多角的な視点で子どもを理解できるようにすると良いでしょう。

POINT

言葉の問題の陰に別の課題が隠れている場合も地域の関係諸機関との連携で親子を支援する

子どもと共に保育を楽しみましょう

column

子どもたちが素直な気持ちを伝え合って生活していると、主張がぶつかり合ってトラブルが起こるのは当然です。トラブルが起こってから対応していると、保育者自身が疲労困憊するばかりか、クラス全体が落ち着かなくなり、クラス運営が立ち行かなくなることもあります。そのようなときは、環境が子どもたちの興味・関心に沿ったものになっているか、子どもたちが遊びたいことを十分にできる時間配分や場になっているか、という視点で保育を見直しましょう。

指導計画通りの保育環境を用意しても、子どもたちの興味・関心、発達の実態に合っていなければ、楽しく遊べません。達成感や満足感を味わえないため、言葉も行動も荒くなってしまうでしょう。

保育者は、「自分が子どもだったら、どのような環境で楽しく遊べるか」と考え、子どもの視点で遊ぶ様子を観察し、環境を見直すと良いでしょう。園内研修で同僚と話し合うなかで、ヒントが見つかるかもしれません。

特別なニーズの有無にかかわらず、目の前の子ども一人ひとりに向き合い、小さな成長を楽しむ余裕をもちたいものです。保育者が子どもと共に保育を楽しむことこそが、インクルーシブ保育の大切な一歩になるでしょう。

3章

子どもを中心に保護者と良い関係をつくろう

保護者のつらさや不安に寄り添う

子どもの病気や発達で気になることがあると、多くの保護者が自信を喪失したり、子どもの将来を憂えたり、自分の欲しい結果を求めて病院巡りをしたりしています。我が子の気になる行動ばかりが目について、インターネットで情報を収集しては、一喜一憂していることもあるでしょう。**情報化社会のなかで、膨大な情報に振り回され、心が休まるどころか精神的に疲弊している人も少なくありません。**

そのため、保護者が安心して子育てをできるよう、園には子育て支援の役割が期待されています。**まずは保育者が、そのつらさや不安に気付ける存在でありたいものです。**「保護者が不安定なままの状態では、子どもに悪影響なのでは？」と感じて、保護者の行動に批判的な気持ちになることがあるかもしれません。しかし、保護者が抱える大きな葛藤を理解し、まずはその気持ちを受け止め、寄り添うことに努めましょう。**子どもにとっては、保護者の気持ちが安定していることが、何より重要だからです。**

保護者との信頼関係を築く

特別なニーズのある子どもについては、子どもの情報を特に詳しく保護者と共有することが必要です。園での様子については、直接送迎時に話したり、連絡帳などを通したりして連絡を取り合います。子どもの帰宅後や週末の様子、療育機関等での様子も共有できると良いでしょう。**保護者からの情報は、子どもへの理解を深め、保育を見直す際の大きなヒントになることが少なくありません。**

保護者との良好な信頼関係は、日常的なかかわりのなかで築いていきましょう。日頃からなにげない会話を重ね、保護者が安心して話せる関係を築いておくことで、何かトラブルが起こった場合も本音で対応できるでしょう。日々の会話は短くても、子どもの姿を見て共に喜んだり悩んだりしながら、子どもを愛する気持ちや大切に思う気持ちを共有することが大切です。笑顔を向けながら「今日は暑いですね」「泥団子、楽しそうでしたよ」など、なにげないひと言から始めてみましょう。

一方で、保育者の伝え方によっては、我が子の良くない面を指摘されたと受け止め、心穏やかではいられなくなる保護者もいます。保護者と同じように子どもの成長を願う気持ちが保育者にもあると伝わるよう、時には保護者に教えてもらう姿勢で臨むのも良いでしょう。「食事前に手を洗うとき、ご家庭ではどうされていますか。（園で）私の声かけでは、うまくいかなくて」など、具体的な保育者の困りごととして保護者に相談してみましょう。率直な回答がもらえたら、「教えていただいて助かりました」などと、お礼を付け加えます。保育者も保護者も、「いつでも子どものことを相談できる」という双方の気持ちが伝わり合うことで、信頼関係が築かれていくでしょう。

さらに大切なことは、**保護者との信頼関係は、個人同士の関係性で終わるものではなく、園ぐるみで進めていくことです。**プライバシーや守秘義務は厳守し、園長や主任などの管理者も加わって、組織として進めていきましょう。さらに一歩進んで、信頼関係を土台に専門機関との連携につなげるなど、良い結果になるよう対応したいものです。

専門機関との連携にあたって

子どもや保護者の情報を、園から医療・療育・行政機関などへ伝える際に、どのようなことに留意したら良いでしょうか。例えば、医療的なニーズがある子ども、外国にルーツがあって日本語習得等のニーズがある子どもなどについては、保護者の同意が得られれば園から専門機関に情報を提供し、相談することもできます。一方、**専門機関への相談や情報提供を慎重に進めなければならない場合があります。**発達に問題があるかもしれない子ども、養育上の問題がある家庭に関する場合です。子どもと保護者とが、早期に専門機関とつながることは望ましいのですが、園と保護者との信頼関係が十分に築かれていない場合は、慎重に進める必要があります。

また、園が専門機関につなげたいと考えるケースはさまざまです。子どもの発達に違和感をもった保護者のほうから積極的に園に相談する場合もありますが、園に相談したくても家族に反対され、できない保護者もいます。子どもの特性にまったく気付いていなかったり、目をそらそうとしたりしている保護者もいます。養育上の問題がある家庭の背景はさらに複雑ですが、虐待が予想される場合は早急な相談が必要です。このような場合の専門機関へのアプローチは、一概に「この方法が良い」とはいえない難しさがあります。

しかしながら、保護者支援のゴールは明確です。**子どもが困っている現状を保護者がある程度受け止め「サービスを利用したい」と思えるようになることです。**そのためには、まず保護者を理解することから始めなければなりません。保護者から引き出せる情報が少ない場合は、前年度の担任やきょうだいの担任などに相談してみましょう。そして、保護者が自分の子どもに誇りをもち、自信と喜びをもって子育てができるように、話しやすい雰囲気をつくっていきましょう。

担任が一人で対応するのは難しいケースも

価値観や家族観、子育て観は人によってさまざまです。また、経済的な不安や家族間のトラブルを抱える家庭の増加など、子どもと保護者が生きる環境は、複雑化・多様化し続けています。そのような状況で、今まで以上に不安や不満を感じている保護者が増えているように思えます。保護者の不安や不満は、子育てに影響します。ときに、怒りになることもあります。なかには園にクレームを付けたり、感情のはけ口として保育者を攻撃したりする保護者も少なからず見られます。

対応に課題のある保護者に対しては、担任が一人でかかわることは避けなければなりません。保護者のペースに巻き込まれないように、一定の距離を保ちながら、あくまでも「子どもの成長を支援する」という目的がぶれないように接しましょう。

保護者対応の基本

チームでかかわる

担任一人では対応しきれない保護者もいるでしょう。一方、園長や学年主任など担任以外の保育者だと気軽に話せる、という保護者もいます。このような場合、職員間で情報を共有し、チームで対応します。

保護者と一対一での面談は避け、園長や主任などが同席して複数で対応しましょう。あとで対応を振り返るときに役立つのでメモは取るべきですが、必ず事前に保護者の許可を得るようにしましょう。

専門機関と連携する

対応に課題のある保護者のなかには、精神疾患や複雑な問題を抱えている人もいます。保護者にそうした疾患の疑いを感じるような行動が見られ、子どもへの対応にも問題が見られたら、配偶者や祖父母など、ほかの家族の協力者を得る必要があります。協力者を介して専門機関と連携するような場合もあるかもしれません。そのような場合でも、子どもが安心して生活できるように配慮することが園の基本的な役割です。

面談では「傾聴」を大切に

面談は、保育者が結論を促すのではなく、継続して話せる関係をつくることが大切です。

保育者が話を聞くだけでも、保護者自身が解決方法を見つけられる場合があります。人に話すことで「自分は何に困っているのか」「これからどうしていくのが良いか」と、考えを整理できるからです。そのため、保育者が一方的に話を進めず、保護者の悩みや心配事に耳を傾け、**共感したり理解したりしながら「傾聴」を心がけます。**

「傾聴」の3つのポイント

❶相手の立場になって、気持ちに共感しながら聞く。
❷相手の話が自己中心的で理不尽と感じられたとしても否定せず、「なぜそのように考えるようになったのか」という観点で話を聞く。
❸相手の話にわからないところがあれば、聞きなおして理解するように努める。

面談のための環境づくり

□ 和やかに話ができる雰囲気になるよう、机やイスの位置を工夫し、花を置くなど環境に配慮します。
□ 保護者が話しにくくならない程度の人数（２人以上）で聞きます。あらかじめ園側の人数や誰が出席するかなどを伝えておくと良いでしょう。
□ 最初に、面談に来てくれたことへの感謝の気持ちを伝えます。

最初に感謝の気持ちを伝える。

今日はお越しいただきありがとうございます
園の職員は2人以上で聞く。ただし、多くなりすぎると話しづらくなるので２～３人で。

できるだけ対面にならないように座る。

事前に保護者に了承を得て、メモを取る。

花を置くなど、リラックスした話しやすい環境をつくる。

保護者全体の理解を広げる

園の理念や保育方針を保護者会等の機会に説明するなどして、**日頃からインクルーシブ保育について理解を広げていく**必要があります。

子ども同士のトラブルで、けがや重大な問題が発生した場合は、障害の有無にかかわらず基本的に対応は同じです。まず、トラブルを防げなかったことのお詫びを速やかに保護者に伝えます。同時に、トラブルの経過を報告し、責任をもって原因を調べ、わかり次第報告すると伝えます。子どもの情報を相手の保護者に提供するかどうかは、当該保護者の意志を尊重して決めます。子どもから保護者に伝わることもあるので、むしろ情報を開示すると理解が進み、問題が大きくならないように対処できる場合もあります。

さらに、同じようなことが起こらないよう、職員間で保育を見直し、改善を図りましょう。保育者と保護者の間でトラブルが起こった場合は、一人に責任を転嫁することなく、皆でより良い方向を探っていきましょう。

子どもの障害を説明したいと言われたら

column

特別なニーズのある子どもの保護者が、「クラスメートの保護者に対して子どもの状態を説明し、理解を得たい」と希望されることがあります。「迷惑をかけることがあるかもしれないので、先に説明したい」という気持ちはわかります。しかし、ほかの保護者の受け止め方はさまざまで、一概に好意的な対応になるとは限りません。誤解が生まれたり、それによって保護者が孤立したりするケースがあるので、慎重に対応すべきでしょう。

保護者同士、みんなで子どもたちの成長を温かく見守る関係ができるまでは、急がなくても良いと思います。どのタイミングで話を切り出すかは、十分な検討が必要です。場合によっては、心理、医療、療育などの専門家に相談してみましょう。

ほかの保護者に説明する場面は、2つの方法が考えられます。保護者自身が説明する方法と、園や保育者から説明する方法です。園や保育者が行う場合は、どこまで説明するか、内容に間違いがないか、保護者とのすり合わせが必要です。子どもの状態を理解している、巡回相談の心理等の専門家に同席をしてもらうことも選択肢の一つです。

Case Study
1

言葉の遅れが気がかりです。
父親が単身赴任で、
育児負担が大きくなった母親の
表情が暗くなりました。
母親の力になるには
どのようなことができるでしょうか。

（3歳児）

父親の単身赴任でフルタイム勤務の母親がワンオペに

P児は言葉の遅れが気がかりな子どもでした。また、父親が単身赴任中で、フルタイムで働く母親が一人で育児を行っていました。保育者は、父親が不在になってから母親の表情が暗くなったことが気がかりになりました。

ある日、P児の母親から、体調が悪くて子どもを園に連れていかれないため欠席させる、と電話がありました。母親のためにもP児のためにも、登園したほうが良いだろうと考え、ファミリーサポートの利用を紹介するなど、園長、副園長、担任とで今後の支援について相談していたところ、急遽、母親の姉がP児を送迎してくれることになったと連絡が入りました。遅れて登園したP児は、いつものように過ごすことができました。翌日の朝、母親は「おかげさまで、一日ゆっくりできました」と、子どもを送って来ました。

専門家を交えて面談する

P児の母親に巡回相談の心理士との面談を勧め、後日、母親、園長、副園長、心理士の4人で話しました。母親は、心配した父方の祖父母から、「休日に公園に連れて行ったか？」「食事はちゃんと作っているか？」などと様子を尋ねられるようになり、祖父母の子育てに関する要求に応えきれない自分を責めるようになってしまったそうです。

心理士に「父親の単身赴任が決まったときに、不安はありませんでしたか？」と問われた母親は、「一人でもできると思っていたんです。でも、全然できなくて……」と涙をこぼしました。心理士は、祖父母の心配が重すぎるだけで母親は十分に頑張っていること、母親の子育てを楽しむ気持ちが伝わると、子どもは安心して成長していくことなどを伝えました。その後、保育者が園でどのようにP児が楽しんでいるかを話すと、それをヒントに、母親が自分でもできそうなことを話すようになり、表情が明るく和やかになっていきました。数か月後、P児はいろいろなあそびに意欲的になり、言葉の成長も確認できました。

インクルーシブの視点

園と多様な機関・専門家が協働することは、インクルーシブ保育の土台です。

このケースでは、母親と園の信頼関係はすでに築かれていましたが、もう一歩踏み込んで、外部の専門家との面談を行い、成果につなげています。専門家を適切に活用して、子どもや保護者への支援につなげることは大切な視点です。面談によって、母親は子育ての楽しみや期待を再び取り戻すことができました。

POINT

地域の子育て支援の情報を園で活用する

保護者支援にも専門家の巡回相談を活用する

Case Study
2

支援の必要な子どもの保護者が集い
定期的に懇談会をしています。
一人の保護者が
我が子の障害を説明する手作り絵本を
子どもたちに見せたいと提案しました。
しかし、ほかの保護者に
反対されてしまいました。

（5歳児）

同じような立場の保護者であっても思いは異なる

5歳児に発達支援の必要な子どもが複数人いました。それぞれ診断を受けており、2か月に1回ほどのペースで、その保護者と園長で懇談会を開いていました。毎回、簡単な茶菓子を用意して、和やかな雰囲気のなかで、本音で話ができる場となっていました。

ある時、口唇口蓋裂のあるQ児の母親から、子どもの障害を説明する手作り絵本を作ったので見てほしいと提案がありました。Q児の両親は、子どもの外見と言語の不自由さから、今後いじめにつながるのではないかと心配していました。絵本は、「何があろうと、みんなと仲間」と思ってほしいという願いを込めて作られていました。

Q児の母親は、クラスの子どもたちに見せたいが、その前に、懇談会の場で紹介させてほしいと読み聞かせを始めたのです。

保護者同士の考え方の違いを尊重しながら対応する

懇談会では率直に悩みや喜びを共有してきたので、Q児の母親は、ほかの保護者が当然好意的に受け止めてくれるだろうと思っていたようです。しかし、ほかの保護者から、クラスの子どもたちに見せることを反対されてしまいました。

やさしい印象で描かれていてもショッキングな印象が残るので子どもには見せたくない、という意見が出されると、ほかの保護者たちもうなずきました。なかには「Qちゃんが友だちに知ってほしいと望んでいるのだろうか?」という意見もありました。

それでも、Q児の保護者は理解を広めたいという気持ちが強くありました。そこで園長は、それぞれの保護者の意見を汲み取りながら話し合った末に、Q児のいないところで、Q児の母親がクラスの子どもたちに読み聞かせることになりました。

読み聞かせの当日、子どもたちは真剣に絵本に見入って、読み聞かせるQ児の母親の言葉を素直に受け止めていました。

インクルーシブの視点

それぞれ独自の価値観や意見をもつ者同士が安心して本音を出せる場所を提供することも、園の役目と考えます。自分と異なる考えを聞くことは、保護者にとって厳しい体験になるかもしれませんが、その気持ちに寄り添って支えたいものです。

本人のいないときに保護者が絵本を読み聞かせることになったのは、園長が保護者同士の考えの違いを受け止めつつ、Q児の保護者の「我が子を理解してほしい」という思いを受け入れた結果です。

POINT

「子どもにとってどうか」という基本を大切にする
意見が異なる場合があることを想定しておく

Case Study
3

発表会の練習に
まじめに参加できません。
そのせいで、クラスのまとまりが
失われかけています。
保護者も園での友だちとの関係を
気にかけています。

（5歳児）

子ども同士の本音がぶつかり合う

発表会で劇をすることになった5歳児クラス。日頃から落ち着きのないR児は、まじめに練習に参加しようとしません。そのため、ほかの子どもたちも練習に集中できず、クラスの雰囲気が悪くなってしまいました。この状態ではクラスの中でのR児の居場所がなくなってしまうのではないか、と担任は感じました。また、R児の保護者も、そのことを気にしている様子です。

そこで担任は、劇あそびの活動について子どもたちと話し合うことにしました。「みんなはどう思っているのかな?」と問いかけると、子どもたちからたくさんの本音が出てきました。「Rちゃんは、いつもふざけている」「ときどき乱暴する」「みんなが力を合わせて頑張るって約束したのだから、まじめにやってほしい」と、厳しい意見がある一方で、「でも、普段のRちゃんは嫌いじゃないよ」「わからないことがあったら助けるよ」「今まで知らんぷりしていて、ごめんね」という声も聞かれました。

R児は友だちの考えや思いを聞いて、「ごめんね。自分でもよくわからないうちに、体が勝手に動いちゃう。でも、ちゃんと頑張る」と約束してくれました。

保護者会で共有する

子どもたちとの話し合いの後、R児の保護者にこれまでの経緯を伝え、保護者会で話題にして良いか聞いたところ、「むしろありがたいです」と快諾してくれました。保護者会では数人の保護者から、「Rちゃんが乱暴すると子どもから聞いて心配でしたが、子どもたちはいろいろ思ったり考えたりしていたんですね」「とても大切な話をうかがいました」「いい話で感動しました」という好意的な意見が寄せられました。また、「子どもたちに考えさせ、子どもたちが自分自身の問題として解決していてすごい」という声もありました。

R児の保護者からは、「うちの子のことを皆さんに知ってもらえる良い機会になりました。ぜひ、これからも見守ってほしい」という言葉がありました。

インクルーシブの視点

特別なニーズのある子どものなかでも、とりわけ衝動的な行動がある子どもの保護者は、ほかの保護者からどのように受け止められるかが気がかりで、孤独感をもつ傾向があります。

このケースでは、保育者が真剣に向き合い、子どもたちの本音を引き出し、保護者同士の関係性にも良い影響を与えました。必ずしもこの事例のような結果が出るわけではありませんが、保育者の真剣な思いが子どもたちにも保護者にも響いたことは確かだと考えられます。

POINT

保護者会を上手に活用する
子どもの様子を伝えることで
保護者の関係を支える

Case Study

4

発表会の本番で
友だちと同じようにできず
後ろを向いたままの子どもに
落ち込む保護者。
事前の練習で意欲を見せていたことを
担任が伝えていたので
期待が大きかったようです。

（4歳児）

発表会前日の様子から本番に期待を膨らませる

いつもと違う場が苦手なS児は、3歳児クラスのときに発表会に参加できませんでした。しかし、進級すると、徐々に練習をしているホールに入れるようになり、友だちの合奏の様子を見て興味をもつようになりました。保育者は、S児に無理をさせないように配慮し、好きな楽器をそばに置くなど、合奏に興味が湧くように働きかけを続けていました。

S児は、発表会が近づくと自分から「やる!」と言い出し、予行練習にもすすんで参加しました。保護者には、日頃から練習の様子を伝えており、「明日の本番もやる」というS児の言葉も伝えると、「明日が楽しみになりました」と期待を膨らませていました。

保護者に寄り添い長期的に見守る

発表会当日、S児は舞台に上がったものの、後ろを向いたままの姿勢で終始しました。

それを見た保護者の落胆は大きく、一緒に見ていた仲の良い保護者に「来るんじゃなかった」と言っていたそうです。担任は、S児の保護者にかける言葉が見つかりませんでした。ところが次の登園日、S児の連絡帳には、「あの日、Sから『私、頑張ったよ』とうれしそうな報告がありました。私は何か勘違いをしていました。みんなと同じようにできることが良いのではなくて、Sの頑張りを一緒に喜んでいいのですね。先生、Sの意志を尊重してくださって、ありがとうございました」と書かれていました。

活動に参加する・しないの選択権をS児に委ね、保護者の理解を得たこともあって、その後のS児は目覚ましい発達を遂げていきます。1年後の年長児の創作劇では、劇づくりからほかの友だちと活動を共にして、当日は成長した姿を見せ、保護者のうれし涙を誘いました。

インクルーシブの視点

特別なニーズがある子どもが行事や活動へ参加しやすくなるように、そのやり方を調整する工夫が望まれます。見栄えや

完成度にこだわりすぎると、練習は子どもの成長に意味のないものになりがちです。だれもが無理なく取り組めるように工夫して、子どもが積極的に活動を楽しみ、自己肯定感や達成感を味わえるようにしたいものです。
保護者は子どもの成長した姿を楽しみにしているので、自分の期待どおりにいかなければ落胆します。保護者が、一日限りの特別な場での我が子の姿だけに捉われないよう、日頃の小さな成長を見逃さず伝えていくことが大切です。

POINT

日頃から子どもの小さな成長を保護者に伝えていくようにする
子どもなりに成長する姿を保護者と喜び合う

Case Study

5

支援が必要だと思われる場合、
専門機関に早くつなげたいけれど
保護者への伝え方を迷います。
どのようにすれば
これまでの信頼関係は壊さず
園側の思いが伝わるでしょうか。

（3歳児）

気持ちの切り替えができずクラスで孤立する

3歳児のT児は、こだわりが強く、気持ちの切り替えがうまくできません。活動と活動の間では、保育者が「もうおしまいにしようね」「給食の時間だよ」などと声をかけると泣きながら怒り、収拾がつかなくなることがあります。

友だちにはほとんど関心を示さず、園庭ではいつも一人で虫を探しています。T児に声をかける友だちもいましたが、目を合わせず返事もしないので、次第に声をかけられることがなくなっていきました。

T児は、保育者の言うことを理解できているようですが、友だちとの関係が薄く、クラスの中で孤立していました。保育者は、周囲の子どもたちとの接点をもたせようとT児をあそびに誘いましたが、なかなかうまくいきません。T児のこだわりの強さは、発達障害からくるものではないかと保育者は感じていましたが、保護者が気にする様子がないので、そのことについて話し合ったことはありませんでした。

保護者の気づきをうながす方法を考える

保護者との個人面談の機会に、T児の家庭での様子を聞いてみました。

ご飯を食べずに遊び続けたり、なかなか寝なかったり、関心のあることが偏っていたり、保護者は育てにくさを感じている一方、一人っ子で、周りに同じ年頃の友だちもいないので、「子どもはそんなもの。成長につれて変わっていく」と楽観している様子でした。

保育者は、ほかの子どもと過ごすT児の様子を知ってもらおうと保育参観を保護者に提案しました。保護者には保育室の外からそっと見てもらい、T児は保護者に気付くことなく普段と同じように過ごせるよう配慮しました。保護者は、ほかの子どもが友だちと遊ぶ様子が、T児とあまりに違うことにショックを受けて、帰っていきました。

後日、保護者と面談し、「お困りのことがあったら一緒に考えていきませんか?」と伝えたところ、「発達について専門家に相談してみたい」ということで、療育センターを紹介することになりました。

インクルーシブの視点

子どもの発達上の課題が疑われる場合、どのタイミングで、どのように伝えるのか、しっかり考慮する必要があります。ベテランの保育者でも子どもの実情を見極めることは難しい上に、感じたままを保護者に伝えるのは、信頼関係があってもおすすめできません。

保護者が我が子の状態を受け入れるまで焦らず対応することが必要です。可能なら、園を訪問している専門家に面談へ同席してもらいましょう。専門家の言葉であれば、受け入れやすい場合もあります。

POINT

集団の中での、あるがままの様子を見てもらう
「一緒に成長を見守る」気持ちで真摯に寄り添う

Case Study

6

ほかの子を叩いたり

噛みついたりして

トラブルが絶えません。

保護者も保育者を避けるようになり

コミュニケーションがとりにくく

なってしまいました。

（4歳児）

保護者と周囲の関係がギクシャクする

U児は入園当初から落ち着きがなく、なんの前触れもなく目についた友だちを叩いたり、乱暴な行動をしたりすることがありました。4歳を過ぎてから、週に1回療育センターに通うことで少しずつトラブルは減っていきました。しかし、保護者はU児の障害を受け入れられず、定型発達児のような成長を望んだり、悲観して落ち込んだりしていました。

また、U児に乱暴された子どもの保護者たちから少しずつ距離を置かれ、保護者の中でも孤立している様子が感じられました。また、園からトラブルを報告される度に、「責められた」と感じたのか、保育者とも距離を置くようになってしまいました。

保護者間のわだかまりを改善していく

U児の行動は衝動的に見えましたが、どのような行動にも理由があると保育者は考えました。そこで、U児の様子をじっくり観察して記録したところ、着替えや手洗い、昼食の前など、たくさんの子どもが一斉に動くときにトラブルが起こりやすいことがわかりました。そこで、U児には一足先に声をかけ、みんなより早めに行動できるようにしたところ、次第にトラブルは減っていきました。

子どもの行動が改善されつつあっても、U児の保護者の気持ちはほぐれませんでした。このような場合、担任や支援員だけでかかわっていても、うまくいかないことがよくあります。そこで、U児の保護者の状況を職員全体で共有し、さまざまな保育者が声を掛けるなど接点をもつように努めました。また、保育者同士のちょっとした打ち合わせでも話題にして、担任に状況を伝えながら対応の方法を検討していきました。

担任との関係が改善され始めても、ほかの保護者とはギクシャクしていました。ほかの保護者に避けられているというよりも、U児の保護者が壁をつくっているように見えました。そこで、保護者会を利用して小グループで話し合う機会をつくり、保護者同士が気軽に子育てについて話せるようにしました。保護者が互いを知る場になり、U児の保護者は、次第に明るい表情を見せるようになりました。

インクルーシブの視点

保護者が子どもの障害を受け入れるまでには、複雑な心の動きがあります。特に就学前は、保護者が事実を受け入れるには難しい時期といわれます。親身に対応しているつもりでも、保護者の心が離れてしまうこともあります。

孤立しがちな保護者がいたら、保育者が間に入って保護者同士をつなぐ機会をつくりましょう。例えば、保護者会を活用したり、園の菜園を保護者が管理する機会を設けたり、保護者同士が親交を深められる工夫をしましょう。

POINT

担任だけでなく園全体で保護者を支援する
保護者同士の関係づくりに努める

Case Study

7

家庭の問題で
生活も心も不安定になり
忘れ物が目立つようになりました。
ネグレクト（育児放棄）が
疑われます。

（3歳児）

ネグレクトが疑われる親子

V児は、3歳で入園した当初、泣いて母親と離れられないことが続いていました。ようやく母親と離れた後も保育者にしがみつき、胸に触るような行動が目立ちましたが、入園後2、3か月経つと泣くことは滅多になくなり、一緒に遊ぶ友だちもできました。

しばらくすると、V児の様子が変わっていきました。まず、上履きの汚れが目立つようになり、週末に持ち帰っても、明らかに洗わずにそのまま持ってくる状態が見られるようになりました。また、水筒を洗った形跡のないまま持ってきたり、忘れ物をしたりすることが続くようになりました。園に提出する申込用紙やアンケートの回答用紙などは、締め切りを過ぎても提出がなく、母親に声をかけたり連絡帳に記入したりしても、すぐには提出のない状況が続きました。身長体重測定やV児が熱を出したときなど、園で服を脱がせる機会には、下着の汚れが目につきました。

忘れ物があると活動への意欲を失う原因になりやすいので、何度も母親に伝え、V児にも「明日は大好きなプールよ！　水着を持ってきてね」などと、担任は子どもの自覚も促し、園生活でV児が困らないような配慮をしました。

相談しやすい環境と支援の意思の伝え方

ある日、V児の母親の友人が、V児の家庭の状況を相談する目的で来園しました。その友人の話から、園側は、V児の両親が離婚していたことを知りました。そして、母親とV児、V児の弟の3人が、母親の実家に身を寄せていることも知りました。

園側は、母親には心配している友人がいて、その友人には悩みを打ち明けていると知って、少々安堵しました。その一方で、園には困っている状況を知らせなかった母親の気持ちを思い、母親への支援について考慮すべき点もあったと反省を覚えました。

その後、日頃のV児の園での様子を話したいと担任から母親に声をかけました。母親が応じたことで、園長と担任とで、母親の話を聞く機会を設けました。

一通りV児の園での様子についてやりとりをした後、母親には友人から話を聞いていることは知らせず、園長が、「お困りのことがあれば、どのようなことでもお話をうかがいますよ。きっとお力になれると思います」と切り出しました。

母親からは、次のようなことを聞き取りました。「離婚については早く報告するべきだったのに、その余裕がなかった」「母親の実家に移ってから生活は落ち着いた」「自分も働き始めたため、子どものことがおろそかになった」ということでした。

園では、相談されたらすぐに対応できるように、ひとり親家庭への自治体の支援なども調べて、準備をして面談に臨みました。また、母親の話を聞き、、園としてはいつでも、どのようなことでも誠心誠意バックアップする用意があることを伝えました。その後、祖父母の支援もあり、V児の忘れ物や提出物の遅れは徐々に少なくなりました。V児の表情は見違えるように明るくなり、友だちと一緒に遊ぶ姿が見られるようになりました。

インクルーシブの視点

子どもの健全な育ちを育む土台は愛情のある居心地の良い家庭です。園の使命は、子どもたちが自分から進んで園生活を楽しめるよう保育の充実を図ることです。また、一人ひとりのニーズに沿った指導や援助に努め、子どもの気持ちに寄り添いながら育ちを支えることです。

不適切と思われる養育には、発生の予防や早期発見・対応、必要に応じた園内での情報共有や専門機関との連携などが重要です。しかし、家庭の事情に保育者がどこまで踏み込めるかは大きな課題です。

このケースでは、事情がわからなかったために、母親の状況を知って早期から積極的に支援することは困難でした。

日頃から子ども中心の家族支援を進めるためには、次のことを大切にすると良いでしょう。

●保護者が本音を語れるよう、日頃から信頼される関係づくりに努める。
●人知れず孤立している保護者がいることを想定し、園が相談できる場であるというメッセージを折々に発信する。
●地域の教育、医療、福祉、行政等の専門機関からの情報を積極的に提供する。
●緊急の場合に役立つよう、専門機関との連携を構築し、支援の枠組みをつくっておく。

POINT

普段から保護者が相談しやすい雰囲気をつくる
関係者と情報を共有できるなど
支援の枠組みをつくる

写真（P.66-67）／武蔵野短期大学附属幼稚園
板橋区立緑が丘保育園
板橋区立高島平さつき保育園

本文イラスト／中小路ムツヨ
本文デザイン・DTP／小松礼
編集協力／上井美穂（こんぺいとぷらねっと）、高地千春
編集担当／横山美穂（ナツメ出版企画株式会社）

ナツメ社 Webサイト
https://www.natsume.co.jp
書籍の最新情報（正誤情報を含む）はナツメ社Webサイトをご覧ください。

本書に関するお問い合わせは、書名・発行日・該当ページを明記の上、下記のいずれかの方法にてお送りください。電話でのお問い合わせはお受けしておりません。
- ナツメ社 web サイトの問い合わせフォーム
  https://www.natsume.co.jp/contact
- FAX（03-3291-1305）
- 郵送（下記、ナツメ出版企画株式会社宛て）

なお、回答までに日にちをいただく場合があります。正誤のお問い合わせ以外の書籍内容に関する解説・個別の相談は行っておりません。あらかじめご了承ください。

みんなにやさしいインクルーシブ保育《ほいく》
基本《きほん》と実践《じっせん》を18の事例《じれい》から考《かんが》える

2023年2月6日　初版発行

著　者　酒井幸子《さかいさちこ》　©Sakai Sachiko,2023
中野圭子《なかのけいこ》　©Nakano Keiko,2023
発行者　田村正隆
発行所　株式会社ナツメ社
東京都千代田区神田神保町 1-52　ナツメ社ビル１Ｆ（〒101-0051）
電話　03-3291-1257（代表）　FAX　03-3291-5761
振替　00130-1-58661
制　作　ナツメ出版企画株式会社
東京都千代田区神田神保町 1-52　ナツメ社ビル３Ｆ（〒101-0051）
電話　03-3295-3921（代表）
印刷所　ラン印刷社

ISBN978-4-8163-7322-0　　Printed in Japan
＜定価はカバーに表示してあります＞　＜乱丁・落丁本はお取り替えします＞